Bodo Müller

Lachen gegen die Ohnmacht

Bodo Müller

Lachen gegen die Ohnmacht

DDR-Witze im Visier der Stasi

Ch. Links Verlag, Berlin

Die Deutsche Nationalbibliothek verzeichnet diese Publikation
in der Deutschen Nationalbibliografie; detaillierte bibliografische
Daten sind im Internet über www.dnb.de abrufbar.

1. Auflage, August 2016
© Christoph Links Verlag GmbH
Schönhauser Allee 36, 10435 Berlin, Tel.: (030) 44 02 32-0
www.christoph-links-verlag.de; mail@christoph-links-verlag.de
Umschlaggestaltung und Grafiken im Buch: Stephanie Raubach, Berlin
Satz: Agentur Marina Siegemund, Berlin
Druck und Bindung: Druckerei F. Pustet, Regensburg

ISBN 978-3-86153-914-8

Inhalt

Lachen gegen die Ohnmacht –
   Einleitung   7
Die ideologische Diversion eines Analphabeten   11
Neun Witze, drei Jahre Zuchthaus   15
Stasi sei Dank!   22
Keine Butter, keine Sahne,
auf dem Dach die rote Fahne   28
Macht und Ohnmacht   36

Die Witze
Mein Gott, Walter!   53
Die Partei, die Partei, die hat immer Recht   59
Fritzchen in der Schule   65
Schild und Schwert der Partei   69
Von der Sowjetunion lernen,
   heißt siechen lernen   75
Anfrage an Radio Jerewan   87
Erich währt am längsten   91
Das Politbüro   95
Die größte DDR der Welt   99
Die Volkspolizei, dein Freund und Helfer   105
Wie wir heute arbeiten,
   werden wir morgen leben   109
Go, Trabi, go!   115
Lieber … als …   121

Anhang
Rechtsgrundlagen für die Verurteilung
   von Witze-Erzählern   126
In der DDR und bei der Stasi
   gebräuchliche Abkürzungen   127
Zeittafel   129
Personenverzeichnis   135
Danksagung   138
Angaben zum Autor   140

Lachen gegen die Ohnmacht – Einleitung

Die nachfolgenden Witze sind gemein, verletzend und gehen manchmal tief unter die Gürtellinie. Die ostdeutsche Republik und ihre Führer waren von der Staatsgründung 1949 bis zum ruhmlosen Untergang 1990 immer wieder dem Spott des eigenen Volkes ausgesetzt. Die Pfeilspitzen der Satire richteten sich gegen alle Bereiche des politischen und gesellschaftlichen Lebens – insbesondere aber gegen die herrschende SED und deren Politiker sowie gegen die Moskauer Machthaber, die im Hintergrund die Fäden zogen. Schonungslos wurde über den Spitzenfunktionären, dem gefürchteten Ministerium für Staatssicherheit und den sowjetischen Besatzern Hohn und Häme ausgegossen.

Das registrierte auch die Stasi-Bezirksverwaltung Halle, als sie im Jahre 1977 über mich eine Akte zur Operativen Personenkontrolle (OPK) mit der schmeichelhaften Bezeichnung »Literatur« anlegte. In einem ihrer Sachstandsberichte brachten Hauptmann Schulze (Leiter des Referates 1) und Oberstleutnant Knauer (Leiter Abteilung VI) zu Papier:

Im Jahre 1979 hat der Müller mit dem Aufbau einer Sammlung von politischen Witzen begonnen. Der Inhalt der Witze beschäftigt sich mit der Verunglimpfung des 30. Jahrestages der DDR, der Tätigkeit des MfS, der Tätig-

keit von Partei und Regierung, von Wirtschaftsmängeln, Disproportionen und Entwicklungsschwierigkeiten u.a.m.

Wären nicht die fleißigen Stasi-IMs gewesen, wüsste ich heute nicht mehr, wann ich begonnen hatte, die politischen Witze aufzuschreiben. Meine damalige Sammlung reichte zeitlich zurück bis zum Machtwechsel Ulbricht-Honecker im Jahre 1971; damals war ich 17 Jahre jung. Aus der davor liegenden Ära Ulbricht hatte ich nur wenige Witze in meiner Sammlung. Doch während der Ära Honecker konnte ich einen überaus reichen Fundus von mehreren Hundert Witzen zusammentragen. Ich schrieb sie auf A4-Blätter, wovon jedes einem Thema gewidmet war. In der schlechtesten Form meiner krakeligen Handschrift kritzelte ich die Witze in wenigen Stichpunkten in winzig kleiner Schrift untereinander. Ich glaubte, so im Falle einer Entdeckung der Sammlung einer Bestrafung zu entgehen, weil wohl niemand mein Gekritzel entziffern könnte. (Heute weiß ich, dass ich die Akribie der Stasi unterschätzt habe.) Die in einem Schnellhefter zusammengefasste Blättersammlung versteckte ich in der Küche hinter der Rückwand der Geschirrspüle. Aus meiner Stasi-Akte, die ich Anfang der 90er-Jahre einsehen konnte, erfuhr ich auch, dass das MfS mehrmals in sogenannten konspirativen Durchsuchungen in meiner Abwesenheit in die Wohnung eingedrungen war und unter anderem nach der Witzsammlung gesucht hatte. Die Stasi fotografierte damals das gesamte Bücherregal und sämtliche Korrespondenz ab. Doch meine Witzsammlung fanden Mielkes Schnüffler nicht.

Von der Dimension der Stasi-Überwachung ahnte ich damals natürlich nichts. Erst als ich andere Repressalien hinnehmen musste wie z. B. Reiseverbot in die Ostblockländer, wurde mir klar, dass ich ins Visier der Stasi geraten war. Aus einer Mischung aus Vorsicht und Angst zog ich Anfang der 80er-Jahre meine Witzsammlung aus dem Versteck hinter der Küchenspüle hervor. Ich las jeden Witz noch einmal, um ihn mir einzuprägen. Dann zerriss ich jede Seite in kleine Schnipsel und vertraute sie der Klospülung an. Während ich noch über den Inhalt schmunzelte, verschwanden meine gesammelten Werke für immer in der Kanalisation. Hätte ich damals nur geahnt, wie viele Jahre Knast mir die Witzsammlung hätte einbringen können, wäre mir sicher das Lachen vergangen.

Nach der deutschen Vereinigung erschienen diverse Bücher mit DDR-Witzen über die Mangelwirtschaft, den Trabi und die täglichen Mühen des sozialistischen Alltags. Von den scharfen politischen Witzen aus den 70er- und 80er-Jahren gegen Partei, Staat und Stasi fand ich darin nur wenige wieder. Ich erwog darum, die kleinen und bissigen Satiren, die ich einst der Klospülung übergeben hatte, noch einmal aufzuschreiben. Die schärfsten und lustigsten DDR-Witze hatte ich sowieso parat, an die anderen erinnerte ich mich, je mehr ich mich mit dem Thema befasste.

Als ich für dieses Büchlein rund 40 000 Seiten Stasi-Akten studierte, entdeckte ich nur wenige Witze aus der Ära Honecker, die ich noch nicht kannte. Die Aktenlage dazu war in den 70er- und 80er-Jahren auch eher dürftig.

Anders in den Stasi-Akten aus den 50er- und 60er-

Jahren. Damals wurden die Witze-Erzähler noch energischer verfolgt, und ich entdeckte in den frühen Stasi-Akten eine reiche Auswahl an politischen Satiren gegen das Ulbricht-Regime.

So hoffe ich, mit den frühen Witzen aus den Stasi-Akten und jenen aus meiner privaten Sammlung heute einen Überblick über 40 Jahre DDR in politischen Witzen geben zu können.

In diesem Buch geht es vor allem um Macht und Ohnmacht. Wie dachte und lachte das Volk über die von Moskau eingesetzten Machthaber zwischen Elbe und Oder? Waren die politischen Witze der Machtlosen eine satirische Antwort auf ihre Ohnmacht?

Wie reagierte der Staat mit einem der mächtigsten Geheimdienste der Welt darauf? Wurde politische Satire als Ventil akzeptiert? Oder mussten die Witze-Erzähler für ihren Spott teuer bezahlen?

Die Antworten sind so vielfältig wie das Leben im Sozialismus selbst.

Die ideologische Diversion eines Analphabeten

Am 5. Oktober 1961 wird der 25 Jahre junge Arbeiter Hans Elbert[*] aus Neustrelitz in Handschellen in den Verhandlungsraum des 1. Strafsenats des Bezirksgerichtes Neubrandenburg geführt. Der junge Mann steht das erste Mal im Leben vor Gericht. Er kann weder lesen noch schreiben. Zwar hatte er die Volksschule besucht, konnte dem Unterricht aber nicht folgen und wurde in eine Sonderschule überwiesen. Dort wurde er nach dem Abschluss der 5. Klasse entlassen.

Seitdem arbeitete er unter anderem in der Land- und Forstwirtschaft. Bis zu seiner Verhaftung am 18. September 1961 war er im Sägewerk Neustrelitz beschäftigt. Er gilt als guter Arbeiter. Von Politik versteht er nichts, da er keine Zeitung lesen kann. Er kennt nicht einmal den Namen der Heimatzeitung, die sein Vater hält. Hans kann lediglich die Namen von einigen Politikern wiedergeben, über die gelegentlich geredet wurde, und er weiß, dass Ulbricht das Staatsoberhaupt ist.

Hans Elbert wurde nach seiner Verhaftung vom VP-Meister Wollgramm in Neustrelitz verhört. Weil Hans Analphabet ist, kann er selbst nichts zu Papier bringen.

---

[*] Die nachfolgend erzählten Fälle stammen aus den Akten der BStU; dabei wurden die Namen der betroffenen Personen und auch die IM-Namen geändert. Reale Personennamen werden nur verwendet bei hauptamtlichen Mitarbeitern der Staatssicherheit und der Volkspolizei sowie bei Staatsanwälten und Richtern.

Im Verhör gibt er zu, dass er einen politischen Witz über Walter Ulbricht erzählt hat. Er erinnert sich, dass er den Witz etwa vier Wochen vorher von einem Arbeitskollegen gehört hatte. Am 17. September 1961 fuhr er mit dem Fahrrad zu Freunden, die ihn eingeladen hatten. Sie tranken gemeinsam Wein, und im alkoholisierten Zustand erinnerte sich Hans an den erwähnten Ulbricht-Witz und erzählte ihn.

Im Verhör muss er den Witz wiederholen. VP-Meister Wollgramm tippt den Witz eigenhändig in die Dienstschreibmaschine:*

Walter Ulbricht und sein Kraftfahrer fuhren in ein Dorf und fuhren eine Gans tot. Walter Ulbricht wollte dieses regeln und ging in ein Haus. Kurze Zeit später kam Walter Ulbricht wieder und hatte blaue Pfeilchen [gemeint sind Veilchen]. *Beide, das heisst Walter Ulbricht und sein Fahrer fuhren weiter zu einem anderen Dorf. Hier fuhr der Kraftfahrer ein Schwein tot. Jetzt sagte der Kraftfahrer, dass er diese Angelegenheit regeln will und ging aus diesem Grunde in das betreffende Haus. Der Kraftfahrer kam rein und sagte, dass er der Kraftfahrer von Walter Ulbricht sei und er das Schwein totgefahren hat. Hier haben ihn dann die Leute hochleben lassen und mit Bockwurst und Bier bewirtet. Hiernach kam der Kraftfahrer wieder raus und hatte lauter Bockwürste um den Hals. Als Walter Ulbricht fragte was nun los sei, sagte der Fahrer, dass er gesagt habe, dass er der Kraftfahrer von Ulbricht sei und das Schwein totgefahren hat.*

---

* Bei den nachfolgenden Originalzitaten ist die Schreibweise von ss und ß der modernen Rechtschreibung angepasst.

Während der Verhandlung vor dem Bezirksgericht Neubrandenburg am 5. und 17. Oktober 1961 wirft ihm Staatsanwalt Johannes Neitzel staatsgefährdende Propaganda und Hetze vor. Der Analphabet Hans Elbert, der weder etwas von Politik noch von Recht versteht, ist im Gerichtssaal auf sich allein gestellt. Nicht einmal einen Pflichtverteidiger hat er an seiner Seite. Staatsanwalt Neitzel unterstellt ihm, dass er außerdem noch einen Witz über Chruschtschow erzählt habe, doch Hans kann sich daran nicht erinnern.

Am zweiten Verhandlungstag, dem 17. Oktober 1961, verkündet der Vorsitzende Richter Kessler im Namen des Volkes folgendes Urteil:

Der Angeklagte wird wegen fortgesetzter Propaganda und Hetze – gem. § 19 Abs. 1 Ziff. 1 + 2 StEG – zu einer Gefängnisstrafe von neun Monaten verurteilt.

Er folgt damit in allen Punkten dem Antrag des Staatsanwalts. In der dreiseitigen Urteilsbegründung trägt Richter Kessler unter anderem vor:

Der Witz, der sich mit Walter Ulbricht befasst, stellt eine Mordhetze dar und soll das Vertrauen des Vorsitzenden des Staatsrates der Deutschen Demokratischen Republik bei der Bevölkerung untergraben. Gleichzeitig stellt der Inhalt dieses Witzes eine Hetze gegen die Arbeiter- und Bauernmacht dar. Diese Äußerungen sind gegen die Politik der Verständigung unter den Völkern und die Erhaltung des Friedens gerichtet. […]

Die in Form von Witzen gekleidete Hetze stellt eine besondere Methode der ideologischen Diversion dar. Die auf diese Weise verbreitete Hetze hat in der Mehrzahl der Fälle, so auch in dieser Sache, zum Ziel, das Ansehen der führenden Staatsmänner der sozialistischen Staaten herabzuwürdigen und ihre Autorität zu erschüttern, um dadurch Zweifel an der Richtigkeit der von ihnen vertretenen Politik bei der Bevölkerung hervorzurufen. Die besondere Gefährlichkeit dieser Methode besteht darin, dass sie als Witz in Erscheinung tritt, nicht immer als Hetze sofort erkannt wird, dem Täter die Möglichkeit der Tarnung bietet und sich leichter als die offene Hetze verbreitet.

Am 7. Januar 1962, Hans Elbert sitzt inzwischen vier Monate in Haft, stellt er einen Antrag auf bedingte Strafaussetzung und Umwandlung eines Teils der Strafe auf Bewährung. Da er selbst weder Lesen noch Schreiben kann, lässt er von einem Mitgefangenen einen Brief an den Staatsanwalt des Kreisgerichtes Neubrandenburg verfassen, in dem es unter anderem heißt:

Der bisherige viermonatige Umerziehungsprozess zeigte mir deutlich die Verwerflichkeit und Gesellschaftsgefährlichkeit meines Deliktes.

Ich möchte baldigst wieder durch hohe Leistungen in der Produktion und aktive Teilnahme am gesellschaftlichen Leben meine Fehler begleichen.

Unter dem Gnadengesuch des Hans Elbert, das in der Stasi-Akte des Verurteilten abgelegt ist, steht ein handschriftlicher Hinweis für den Staatsanwalt:
Gen. Neitzel
Gesuch ablehnen
G.

Am 20. Januar schreibt Staatsanwalt Neitzel dem Gefangenen Hans Elbert entsprechend der ihm erteilten Weisung:

In Beantwortung Ihres Gesuches vom 7. 1. 1962 muss ich Ihnen mitteilen, dass es mir nicht möglich ist, für Sie die Gewährung bedingter Strafaussetzung zu beantragen. Der Charakter der strafbaren Handlung und die dadurch bedingte Gesellschaftsgefährlichkeit lassen dies nicht zu.

Neun Witze, drei Jahre Zuchthaus

Am Freitag, dem 3. November 1961 erscheint der Maler Achim Ahnert pünktlich um 6.45 Uhr auf seiner Arbeitsstelle, dem VEB Fischwerk Saßnitz. Der 32-Jährige ist Brigadier einer Malerbrigade und will gerade seine Kollegen zur Arbeit einteilen. Da erscheinen drei junge Männer und bitten ihn mitzukommen, um ein paar Fragen zu beantworten.

Achim Ahnert erklärt, dass er und seine Kollegen jetzt mit der Arbeit beginnen müssten. Einer der Männer antwortet, das sei mit der Betriebsleitung abgesprochen. Sie führen ihn zu einem Wartburg, der auf dem Werksgelände parkt. Einer der Männer setzt sich ans Steuer, die beiden anderen drängen den Arbeiter auf die Rückbank und nehmen ihn in die Mitte. Mit quietschenden Reifen verlässt der Pkw das Werksgelände und braust die Hafenstraße nach oben, biegt nach links auf die Hauptstraße ab und verlässt auf der Fernverkehrsstraße 96 die Hafenstadt.

Als Achim Ahnert vorsichtig fragt, wohin sie fahren würden, legen ihm die beiden Männer neben ihm Handschellen an. Der Mann links neben ihm sagt: »Das werden Sie gleich erfahren.«

»Und warum legen Sie mir Handschellen an?«

»Das müssen Sie sich zuerst selbst fragen.«

Die kurze Reise führt zur 20 Kilometer entfernten Kreisstadt Bergen. Achim Ahnert ahnt nicht, dass er seine Heimatstadt Saßnitz und die schöne Insel Rügen für lange Zeit nicht mehr wiedersehen wird. Der Pkw fährt auf das Gelände der Kreisdirektion für Staatssicherheit. Dort darf der Festgenommene auf die Toilette gehen, erfährt aber immer noch nicht, warum man ihn von der Arbeit geholt hat. Er muss in einen Pkw mit Rostocker Kennzeichen umsteigen und wird nun, ebenfalls von drei Männern bewacht, nach Rostock gefahren.

Nach dreieinhalb Stunden erreichen sie die Bezirkshauptstadt, wo sich Achim Ahnert nur wenig auskennt. Sie fahren in die August-Bebel-Straße, ein stählernes Tor öffnet sich, der Pkw fährt hinein. Als das Tor wieder verschlossen ist, wird Achim Ahnert aus dem Auto gezogen. Er befindet sich in einer großen Garage. Er will etwas fragen, wird aber sofort in eine Aufnahmezelle geführt und eingesperrt. Die Zelle ist etwa zwei Meter breit und vier Meter lang. An der etwa drei Meter hohen Decke leuchtet eine nackte Glühbirne. Er fragt sich: Warum haben sie mich hier eingesperrt?

Nach einer Stunde wird er in einen alten Gefängnistrakt gebracht, wo er sich nackt ausziehen muss. Er darf duschen und muss danach Gefangenenkleidung anziehen. Anschließend wird er in eine Zelle in der oberen Etage geführt. Die Inneneinrichtung besteht aus einer Pritsche, einem Hocker, einem kleinen Holztischchen, einem Waschbecken und einer Kloschüssel ohne Klobrille. Ein kleines Fenster befindet sich weit oben in unerreichbarer Höhe und ist mit Eisenstäben vergittert. Als es draußen schon dunkel ist, erhält er zwei belegte Brote und eine Tasse Tee zum Abendbrot.

Danach soll er sich hinlegen zur Nachtruhe. Kaum hat er sich auf der Pritsche ausgestreckt, wird die Zelle wieder aufgeschlossen: »Kommen Sie mit!«

Achim Ahnert wird über mehrere Gänge und Treppenhäuser zu einem Bürotrakt geführt. Über einer Tür blinkt eine rote Lampe. Der Wärter befiehlt ihm: »Stellen Sie sich neben die Tür mit dem Gesicht zur Wand! Hände auf den Rücken!«

Der Wärter klopft an. Eine Person in Zivil öffnet die Tür. Der Gefangene wird hineingeführt und muss in der hinteren Ecke des Raumes Platz nehmen. Der junge Mann in Zivil eröffnet ihm: »Herr Ahnert, Sie befinden sich hier in Verwahrung des Ministeriums für Staatssicherheit, Bezirksverwaltung Rostock. Gegen Sie wurde Haftbefehl wegen staatsgefährdender Hetze erlassen. Ich werde Sie jetzt dazu befragen.«

Nach der Aufnahme der Personalien wird Achim Ahnert gefragt, ob er westliche Rundfunksendungen höre und ob er mit seinen Arbeitskollegen darüber rede. Der Stasi-Verhörer will außerdem wissen, wie er die Beziehung der DDR zur UdSSR einschätze und was er von der jetzigen DDR-Regierung halte. Auch seine Meinung zu den Maßnahmen der DDR-Regierung vom 13. August 1961 soll er äußern. Achim Ahnert antwortet wahrheitsgemäß und macht aus seiner kritischen Einstellung zur DDR-Regierung und zum Mauerbau keinen Hehl. Schließlich fragt der Stasi-Offizier, welche politischen Witze Achim Ahnert kenne und unter seinen Kollegen erzählt habe.

Bei den politischen Witzen will es der Stasi-Mann ganz genau wissen. Er reicht ihm Papier und Bleistift und fordert ihn auf, alle Witze aufzuschreiben. Achim Ahnert hat nichts zu verbergen und schreibt wortwörtlich:

1) Ich stellte an die Kollegen die Frage: »Kennt ihr den Unterschied zwischen der DDR und Italien?« Da diese Frage verneint wurde, antwortete ich: »Italien hat ein Mittelmeer und die DDR hat kein Mittelmeer.«[*]

2) Ich fragte die Kollegen: Kennt ihr den Unterschied zwischen der DDR und Ägypten? Ich sagte: »In Ägypten haben die Posten Kamele, in der DDR haben die Kamele Posten.«

3) Ich fragte: »Kennt ihr den Unterschied zwischen einem Trabant und einem Opel Rekord?« Ich sagte: »Es gibt keinen, beide kosten das Gleiche.«

4) Ich erzählte den Kollegen: »Im Gefängnis sitzen drei auf einer Zelle und unterhalten sich, warum sie sitzen. Der Erste sagt: ›Meine Uhr ging immer vor und ich kam immer zu früh zur Arbeit, da sagte man, ich wolle spio-

---

[*] An dieser Stelle hat der Gefangene offensichtlich versucht, zu seiner Entlastung zu schummeln. Denn der Witz endet in Wirklichkeit: »… die DDR hat keine Mittel mehr.«

nieren.‹ *Der Zweite sagte:* ›*Meine Uhr ging immer nach, ich kam immer zu spät, da sagte man, das wäre Sabotage.*‹ *Der Dritte sagte:* ›*Meine Uhr ging immer richtig, ich kam immer pünktlich, meine Uhr war aus dem Westen.*‹«

5) Ich erzählte meinen Kollegen: »*Neulich waren Arbeiter aus der DDR in Westdeutschland und haben dort die Straßen breiter gemacht, sonst kommen wir nicht vorbei, wenn wir sie überholen wollen.*«

6) Ich erzählte meinen Kollegen: »*Walter Ulbricht war beim Friseur und wollte sich rasieren lassen. Da sagte der Friseur, lass freie Wahlen machen und dann ist der Bart ab.*«

7) Ich fragte die Kollegen: »*Kennt ihr den größten Strom der DDR? Das ist der Flüchtlingsstrom.*«

8) Ich sagte den Kollegen, dass die HO-Läden jetzt SED-Läden heißen, das bedeutet: selten etwas da.

9) Ich erzählte den Kollegen: »*In der DDR brauchen wir keine Betten mehr: Die Arbeiter stehen auf Friedenswacht, die Intelligenz wird auf Rosen gebettet, die Klassenfeinde schlafen nicht und der Rest sitzt.*«

Am Morgen nach dem Verhör, es ist der 4. November 1961, wird Achim Ahnert zum Kreisgericht Rostock gebracht und dem Kreisgerichtsdirektor Bleier vorgeführt. Der Kreisgerichtsdirektor hat bereits persönlich den Haftbefehl unterschrieben. Bleier verkündet dem Vorgeführten den Haftbefehl und die Eröffnung eines

Verfahrens wegen staatsgefährdender Propaganda und Hetze.

Achim Ahnert bleibt in Verwahrung der U-Haftanstalt der Staatssicherheit in Rostock und wird in den nächsten Wochen nahezu täglich von Stasi-Offizieren zu seiner angeblichen staatsgefährdenden Hetze verhört. Am 2. Januar 1962 verfasst die Untersuchungsabteilung der Stasi-Bezirksverwaltung Rostock einen achtseitigen Schlussbericht. In dem Bericht schreiben Hauptmann Amthor und Leutnant Jürß unter anderem:

Durch die Verbreitung einer Vielzahl sogenannter politischer Witze auf seiner Arbeitsstelle betrieb der Beschuldigte eine üble Hetze gegen den Vorsitzenden des Staatsrates der DDR sowie gegen die politischen und wirtschaftlichen Verhältnisse der DDR. […]

Zu dem Zeugen [Name in der Akte geschwärzt] *äußerte er in abfälliger Art und Weise, dass man den Vorsitzenden des Ministerrates der UdSSR mit einem im Jahre 1960 von der Sowjetunion gestarteten Raumschiff hätte in den Weltraum befördern sollen, dann würde ihn die Menschheit los sein. […]*

Im März 1961 hetzte der Beschuldigte […] in einem sogenannten politischen Witz gegen die Bemühungen der Werktätigen der DDR, Westdeutschland in der Pro-Kopf-Produktion einzuholen und zu überholen. In einem weiteren Hetzvers ließ sich der Beschuldigte im September 1961 gegenüber dem Zeugen [Name geschwärzt] *darüber aus, dass Bürger der DDR wegen angeblich fadenscheinigen Verdachtsgründen in der DDR inhaftiert werden. […]*

Im März 1961 unterstützte der Beschuldigte durch die Verbreitung eines Hetzverses gegenüber dem Zeu-

gen [Name geschwärzt] *die Abwerber und Kopfjäger des Westens. So wurde von ihm die Anzahl der abgeworbenen Bürger der Deutschen Demokratischen Republik als »Flüchtlingsstrom« bezeichnet und als größter Strom der Deutschen Demokratischen Republik dargestellt.*

Der letzte Satz des Schlussberichtes der beiden Rostocker Stasi-Offiziere ist ein Hinweis an den Staatsanwalt:
Gegen eine Verhandlung in gerichtsüblicher Form bestehen keine Bedenken.

Am 5. März 1962 verhandelt der 1. Strafsenat des Bezirksgerichtes Rostock in der Strafsache gegen den Maler Achim Ahnert wegen staatsgefährdender Propaganda und Hetze. Staatsanwalt Müller fordert gemäß Paragraf 19 Abs. 1 und 3 StEG eine Zuchthausstrafe von drei Jahren.

»Im Namen des Volkes« verurteilt ihn Oberrichter Schmidt exakt nach Vorgabe des Staatsanwalts.

Achim Ahnert verbüßt seine Haft im Strafvollzug Leipzig. In diversen Führungsberichten der Strafvollzugsanstalt an die Staatsanwaltschaft Rostock heißt es, dass der Strafgefangene »das Falsche seines Handelns eingesehen hat. Es wird eingeschätzt, dass seine Führung nach wie vor positiv ist und er auch erkennt, dass er zu Recht bestraft wurde.« Der Staatsanwalt Rostock befürwortet darum eine bedingte Strafaussetzung und schlägt vor, dass Achim Ahnert am 20. Februar 1964 entlassen wird. Er saß insgesamt zwei Jahre und vier Monate hinter Gittern. Mit der vorzeitigen Entlassung wird ihm eine dreijährige Bewährungsfrist auferlegt.

Stasi sei Dank!

Ein gemeiner Witz gegen den Staatsratsvorsitzenden Walter Ulbricht veränderte im Jahre 1962 das Leben der damals 21 Jahre jungen Birgit Geiger und begründete ihre steile berufliche Karriere. Die während des Krieges in Ostpreußen geborene Birgit floh 1945 mit ihrer Mutter vor der Roten Armee und landete in Mecklenburg. Weil der Vater im Krieg gefallen war, musste sich die Mutter um Birgits jüngere Schwestern kümmern. Birgit schlug sich allein durch.

Nach mehreren Arbeitsstellen, die ihr wegen kleiner Betrügereien gekündigt wurden, war die intelligente und kontaktfreudige Birgit ab 1961 als Sekretärin beim Rat der Stadt S. in der Altmark angestellt. Der Bürgermeister wirft ein Auge auf das adrette und alleinstehende Mädchen, doch Birgit lässt ihren Chef abblitzen.

Im Februar 1962 sitzt sie in der Gaststätte »Goldener Stern« mit vier jungen Männern zusammen und erzählt folgenden Witz:

»Kennt ihr ein Ulbricht-Schnitzel?«

»Nee!«

»Könnt ihr auch nicht kennen – das Schwein muss erst noch geschlachtet werden.«

Die jungen Männer rund um den Tisch halten sich die Bäuche vor Lachen und klopfen sich auf die Schenkel.

Dies entgeht den örtlichen Stasi-Spitzeln nicht. Das MfS legt eine Akte zur Operativen Personenkontrolle der schönen Birgit an. Sie trägt den Decknamen »Biene«. Die Stasi lässt eine Liste all jener männlichen

Personen erarbeiten, mit denen »Biene« in jüngster Vergangenheit, wie es die Stasi ausdrückte, »verkehrte«. Darauf stehen neun ortsbekannte junge Männer sowie »eine Reihe Jugendlicher im Alter von 16 bis 18 Jahren«.

Am 27. Februar 1962 wird »Biene« wegen des Ulbricht-Witzes beim Rat der Stadt fristlos entlassen. Sie vermutet, dass dies ein Racheakt des Bürgermeisters ist, weil sie ihn nicht an sich herangelassen hat, und beschwert sich über ihn bei der Partei. Birgit findet eine neue Arbeit beim Deutschen Roten Kreuz (DRK). Doch als ihre neue Betriebsleiterin von dem politischen Witz erfährt, legt sie Birgit nahe, selbst zu kündigen, bevor ihr erneut gekündigt wird.

Ein derart gemeiner Witz gegen den Vorsitzenden des Staatsrates bleibt in der DDR nicht ohne juristische Folgen. Die Akte liegt bereits beim Staatsanwalt, und Birgit drohen mehrere Jahre Gefängnis.

Doch »Biene« hat einen teuflischen Schutzengel. Die Genossen der Stasi-Kreisverwaltung in S. laden sie zu einem netten Gespräch ein. Man lobt ihre Aufgeschlossenheit und Kontaktfreudigkeit. Darum schlagen ihr die Genossen einen Pakt vor: Zum Zwecke der »Wiedergutmachung« soll sich die junge Frau verpflichten, fortan für das Ministerium für Staatssicherheit zu arbeiten. Im Gegenzug würde sich die Stasi um die Einstellung des Strafverfahrens kümmern und mit ihrer neuen Arbeitsstelle klären, dass sie nicht entlassen wird.

Am 23. Februar 1962 unterzeichnet »Biene« den Pakt mit dem Teufel. Ab sofort ist sie ein GI (Geheimer Informator der Staatssicherheit).

Das gegen sie laufende Strafverfahren »wegen Staatsverleumdung« wird wie von Geisterhand eingestellt, und in ihrem neuen Job beim DRK wird ihr nicht gekündigt, sondern sie darf Karriere machen und sogar Jugendliche ausbilden. Im Gegenzug schreibt »Biene« fleißig Berichte. Das MfS schätzt ihren »schnellen Zugang zu anderen Personen« und sieht ihre Perspektive in der »Aufklärung undurchsichtiger feindverdächtiger Personen der Kreisstadt«.

»Biene« trifft sich also weiter mit jungen Männern in der Kneipe, jetzt allerdings in höherem Auftrag »zum Schutz des Weltfriedens«.

Das kostet Geld. Für ihren Fleiß, erhält sie regelmäßig Prämien zwischen 50 und 100 DM (Ost). Außerdem ist »Biene« sehr wissbegierig. Am 6. Juni 1962 erstattet ihr die Stasi die Kosten für »drei Fachbücher zu sexuellen Fragen« in Höhe von 23,30 Ostmark.

Braucht »Biene« neue Arbeitsausstattung, zögert die Stasi nicht, ihr unter die Arme zu greifen: Ob Kleidung, Schmuck, Genussmittel oder eine schicke neue Handtasche – ihr Führungsoffizier erstattet sämtliche Auslagen.

Schließlich findet Birgit den Mann fürs Leben, heiratet und bekommt ein Kind. Sie zieht in die mecklenburgische Kreisstadt B. und versucht jetzt mehrmals, den Fängen der Stasi zu entkommen. Unter anderem argumentiert sie, dass sie ihre Stasi-Tätigkeit nicht mehr vor ihrem Ehemann geheim halten kann. Die Stasi reagiert clever – sie wirbt auch den Ehemann zur geheimen Mitarbeit. »Biene« muss weiter Berichte schreiben und ihr ist längst bewusst: Ein Pakt mit dem Teufel ist ein Pakt fürs Leben.

Die Stasi hat für sie derweil eine berufliche Karriere angebahnt. Ab 1971 wird sie in der Kreisstadt B. Haushaltssachbearbeiterin im Internat der Erweiterten Oberschule (EOS = Gymnasium). Sie holt 1972 den Abschluss der 10. Klasse nach und wird 1973 Mitglied der SED. Anschließend absolviert sie ein Fachstudium und wird 1980 Verwaltungsleiterin an der genannten EOS mit angeschlossenem Internat.

Von der Stasi erhält sie den politisch wichtigen Auftrag: »Erarbeitung von Hinweisen auf das Wirken politisch-ideologischer Diversion unter Schülern, Lehrern und Erziehern.«

Rund 20 Jahre zuvor geriet die jugendliche Birgit wegen eines politischen Witzes in die Fänge der Stasi. Aus dem Opfer von einst ist inzwischen eine Täterin geworden.

Als Verwaltungsleiterin der Oberschule sitzt sie an zentraler Stelle und erfährt nahezu alles. Ihre Kontaktfreudigkeit hilft ihr, ein vertrauensvolles Verhältnis zu Lehrern, Schülern und Internatserziehern aufzubauen. Mit unermüdlichem Fleiß berichtet »Biene« nun über jede ihr aufgefallene Kleinigkeit, die politisch interessant sein könnte, an die Stasi.

So schreibt sie im März 1979 dem MfS, dass die Schülerin Anna aus dem Abijahrgang eine Karte aus dem Westen erhalten hat. Auf der Karte sichert ihr eine Tante zu, dass sie ihr das gewünschte Abi-Kleid schicken werde.

»Biene« fordert in ihrem Bericht an die Stasi, dass dieser Fall mit der Erzieherin und dem Internatsleiter besprochen werden müsse. Außerdem fordert sie eine Aussprache mit der Schülerin. Durch vertrauensvolle

Gespräche mit anderen Schülern erfährt »Biene«, dass Anna womöglich auch Westgeld besitzen könnte, um sich das gewünschte Kleid im Intershop zu kaufen.

Im Folgebericht zu diesem schweren Fall politisch-ideologischer Diversion schreibt »Biene«, dass die Schülerin Anna die Karte von ihrer West-Tante für alle sichtbar auf ihrem Schreibtisch aufgestellt habe. Außerdem berichtet »Biene« dem MfS, dass der Gruppenerzieher immer noch keine Aussprache mit der Schülerin geführt hat.

Alle 14 Tage trifft sich Birgit mit ihrem Führungsoffizier Leutnant Schwenk. Weil die Informantin in der Kreisstadt so bekannt ist, finden die Treffen am Tage in einem Pkw jeweils in einem anderen Dorf oder Waldstück der Umgebung statt. Zu den abendlichen Treffen besucht »Biene« eine konspirative Wohnung (KW) mit dem Decknamen »Maler«. Dort gibt sie ihre handschriftlichen Berichte ab und erhält neue Instruktionen.

Das MfS ist von ihrer Arbeit so begeistert, dass »Biene« bereits als IMS geführt wird, also als Inoffizieller Mitarbeiter zur Sicherung und Durchdringung eines Verantwortungsbereiches – in ihrem konkreten Fall der EOS mit Internat.

Die Stasi würdigt ihre jahrelange hervorragende Tätigkeit zum Wohle der DDR. Am 8. Februar 1985 erhält »Biene« die Verdienstmedaille der NVA. Im September 1987 darf sie gemeinsam mit ihrem Ehemann dessen Bruder im Westen zum Geburtstag besuchen. Normalerweise dürfte nur ihr Ehemann in »dringender Familienangelegenheit« in die BRD reisen. Doch »Biene« darf ihn begleiten, denn sie hat einen geheimen Auftrag der Staatssicherheit »zur Sicherung des Weltfriedens« im Gepäck. Ihr Schwager in Lübeck arbeitet bei der Bundeswehr, und Birgit soll ihn ausspionieren.

Anhand des abgegebenen Berichtes über ihren Schwager im Westen und dessen Familie erkennt die Stasi Birgits großes Potenzial als »Kundschafterin an der unsichtbaren Front«. Wenige Monate vor dem Fall der Mauer und dem Ende der SED-Herrschaft erreicht »Biene« den Höhepunkt ihrer Stasi-Karriere. Im Februar 1989 schlägt die MfS-Kreisdirektion vor, sie an die Abteilung XV zu übergeben und von dort weiter zu führen.

Die MfS-Abteilung XV ist der Hauptverwaltung Aufklärung (HV A) zugeordnet, die für die Auslandsspionage zuständig ist. Die inzwischen 48 Jahre alte Informantin soll, so der interne Plan des MfS, ab 1989 als »Kundschafterin« in der Bundesrepublik spionieren.

»Biene« würde sicher noch heute spitzeln – hätte nicht im Herbst '89 eine Revolution stattgefunden. Sie lebt noch immer in der mecklenburgischen Kreisstadt B. Aufgrund ihres lange zurückliegenden Ulbricht-Witzes und der anschließenden beruflichen Karriere kann sie heute frei von finanziellen Sorgen ihren wohlverdienten Ruhestand genießen. Stasi sei Dank!

Keine Butter, keine Sahne, auf dem Dach die rote Fahne

Am 13. Dezember 1961 muss sich der 28-jährige Einzelhändler Harry Müller aus der mecklenburgischen Kleinstadt Malchin vor der Strafkammer des Bezirksgerichtes Neubrandenburg verantworten. Bereits seit dem 17. Oktober 1961 sitzt er in U-Haft.

Wegen »planmäßig begangener staatsgefährdender Propaganda und Hetze – gemäß § 19 Abs. 1, Ziffer 1 und 2, Abs. 3 StEG« verurteilt ihn der Vorsitzende Richter Kessler zu drei Jahren und acht Monaten Zuchthaus.

Das vergleichsweise hohe Strafmaß ist durch die außergewöhnliche Schwere des Verbrechens bedingt. In der ausführlichen Urteilsbegründung des Vorsitzenden Richter ist detailliert dargelegt, warum der junge Mann so hart bestraft werden muss:

Er ist Eigentümer eines Radiogerätes und eines Tonbandgerätes. Mit dem Radiogerät hat er laufend westliche Sender wie RIAS, Freies Berlin, Südwestfunk, Nordwestdeutschen Rundfunk usw. abgehört. Ebenfalls hat er Tonbänder mit Musiksendungen dieser Sender aufgenommen, worunter auch eine Musiksendung war, die die Aufforderung enthalten hat, Schlagerwünsche mit vollem Namen und Adresse an den Hetz- und Spionagesender RIAS zu senden.

Dem jungen Mann wird weiterhin der schwere Vorwurf gemacht, dass andere Personen zugegen waren, als er die feindlichen Rundfunksendungen hörte. Er ließ sogar das erwähnte Tonband mit der Aufforderung, Schlagerwünsche beim RIAS zu bestellen, in Anwesenheit befreundeter Personen abspielen.

In der Urteilbegründung fährt der Vorsitzende Richter am Bezirksgericht Neubrandenburg fort:

Weiterhin hetzte er in diesem Personenkreis – es verkehrten einige Familien bei ihm – gegen sowjetische Menschen, insbesondere gegen den Ministerpräsidenten der UdSSR, Chruschtschow, gegen den Vorsitzenden des Staatsrats der DDR, Gen. Walter Ulbricht. […] Der Angeklagte hetzte in derartiger Form auch in seinem Lebensmittelgeschäft gegenüber verschiedenen Kunden. Insgesamt gesehen richteten sich die Hetze gegen die sozialistischen Verhältnisse, gegen die führenden Staatsmänner der UdSSR und der Deutschen Demokratischen Republik, gegen unsere Presseorgane, insbesondere das »Neue Deutschland«.

Zum Abschluss der insgesamt dreiseitigen Urteilsbegründung schreibt Richter Kessler:

Festgestellt wurde in der Hauptverhandlung, dass dem Angeklagten die Tonbandvitrine Nr. 539 Marke »Florida« mit Tonbandgerät Smaragd gehört und er dieses Gerät zur Verbreitung von Hetzsendungen benutzte, indem er die bespielten Tonbänder mit Sendungen der NATO-Sender anderen Personen zugänglich machte. Die gesetzlichen Voraussetzungen für die Einziehung dieser Tonbandvitrine liegen vor, so dass gem. § 40 StGB dieses Gerät eingezogen werden musste, um dem Angeklagten die Möglichkeit zu nehmen, mit diesem Gerät staatsfeindliche Handlungen zu begehen.

Was war wirklich geschehen? Warum wurde der junge Mann zu einer so langen Zuchthausstrafe verurteilt? Die Wahrheit erfuhr man weder im Gerichtssaal noch kann man sie in der Urteilsbegründung lesen.

Am 17. Oktober 1961, also rund zwei Monate vor der Verhandlung vor dem Bezirksgericht Neubrandenburg, wurde Harry Müller in Malchin festgenommen. Einen Tag nach seiner Festnahme vernahm ihn die Kripo des Volkspolizei-Kreisamtes Malchin. Es ist eine Ausnahme in der politischen Strafverfolgung in der DDR, dass eine politisch motivierte Straftat nicht von der Staatssicherheit, sondern von der Volkspolizei bearbeitet wurde. Diese Umstände deuten darauf hin, dass der Spitzel oder Denunziant, der Harry Müller angezeigt hatte, aus dem Umfeld der VP kam. Möglicherweise war es ein Volkspolizist aus Malchin. Interessanterweise wurde die Akte dann aber beim MfS archiviert, was wiederum die Vermutung nahelegt, dass zumindest einer der Malchiner Polizisten gleichzeitig für die Stasi arbeitete.

Was hatte Harry Müller verbrochen? Der junge Mann schloss 1951 im Lebensmittelgeschäft seiner Eltern in Malchin eine kaufmännische Lehre ab und arbeitete danach als Verkäufer und später als Verkaufsstellenleiter im HO-Kreisbetrieb Malchin. 1955 ging er wieder ins Geschäft seines Vaters, welches er 1959 eigenverantwortlich übernahm. Danach schloss er einen Kommissionsvertrag mit dem HO-Kreisbetrieb. Dieser sicherte ihm eine relativ stabile Belieferung mit den Grundnahrungsmitteln des täglichen Bedarfs.

Der kleine Laden lag mitten im Zentrum der etwa 7000 Einwohner zählenden Kreisstadt, und alle wichtigen Persönlichkeiten der Stadt kauften bei Harry Müller ein, auch die Parteigenossen. Er wirtschaftete gut und hatte sich schnell einen Lebensstandard erarbeitet, der – gemessen an den Verhältnissen jener Zeit – überdurchschnittlich war. Unter anderem besaß er ein neues Radio, mit dem man auch Westsender empfangen konnte, sowie ein modernes Tonbandgerät. Oft hörte er die Schlagerparaden vom RIAS und nahm seine liebsten Hits auf. Er machte sich dabei nicht die Mühe, das Gerede zwischen den Musiktiteln heraus zu schneiden. Und so war auf seinen Mitschnitten auch die Aufforderung des Moderators zu hören, dem RIAS zu schreiben, wenn man einen Schlagerwunsch hat.

Harry Müller und seine Frau hatten viele Freunde. Und da im abgelegenen Malchin nicht viel los war, traf man sich an den Wochenenden beim Kaufmann in der Wohnung, schaltete das Tonbandgerät an und freute sich über die neuesten Schlager. Manchmal hörten sie auch die Musiksendungen direkt vom Radio, inklusive der dazwischen gesprochenen Nachrichten.

Wie unter jungen Leuten üblich, wurde viel gequatscht, gefeiert und auch manchmal ein Bierchen über den Durst getrunken. Und es wurden Witze zu allen möglichen Themen erzählt, manchmal auch politische. Die Spötteleien zielten auf die Versorgungslage, die Weltpolitik und natürlich die Politiker in Ost und West. Harry Müller hat die Witze weder gesammelt noch aufgeschrieben. Wie bei Feiern üblich, erzählte irgendwer einen oder mehrere Witze. Wenn Harry sie am nächsten Morgen noch wusste, erzählte er sie irgendwann weiter.

Der Sommer 1961 war ein außergewöhnlicher in der deutschen Geschichte. Am 13. August wurde in Berlin die Grenze geschlossen und damit der Massenstrom an DDR-Flüchtlingen gestoppt. Harry Müller hatte mit seiner Frau mehrmals Westberlin besucht, wollte aber nicht abhauen, weil er seinen Laden in Malchin liebte und es ihm dort gut ging. Ihm war schon bewusst, dass er als Kleinkapitalist in einer sozialistischen Volkswirtschaft ein Exot war.

In jenem Sommer und Herbst nach dem Bau der Mauer wurde auch im mecklenburgischen Malchin viel über Politik diskutiert. Nachmittags gegen 17 Uhr, wenn die meisten Betriebe Feierabend machten, traf man sich beim Kaufmann. Die letzten Einkäufe wurden getätigt. Es war ein langer und heißer Sommer. Von der Arbeit kommende Männer machten sich manchmal im Laden ein Bier auf und tranken es im Stehen. Man sprach über die Situation im jetzt geteilten Berlin und die angespannte Weltpolitik. Es herrschte Kalter Krieg.

Manchmal äußerte sich Harry Müller zur Versorgungslage. Er wollte für seine Kunden das Beste. Doch Butter und Waschpulver waren knapp und rationiert. Er war unzufrieden, dass die Belieferung mit Waren nicht zuverlässig funktionierte. Und er wünschte sich für seine Kunden auch ein paar hochwertige Produkte, über die sie sich freuen könnten – insbesondere bei Spirituosen, da gab es nur schlechten Fusel. Beim Feierabendbier gab Harry Müller die Witze zur Erheiterung weiter, die er von seinen Freunden oder Kunden gehört hatte.

Am Tag nach seiner Verhaftung musste Harry Müller

diese Witze zu Protokoll geben. Bei aller Mühe konnte er sich nur noch an wenige erinnern. Dank des Vernehmungsprotokolls von VP-Leutnant Kruse vom 18. Oktober 1961 wurde ein Teil davon wortwörtlich der Nachwelt erhalten:

Walter Ulbricht besucht China und begrüßt Chou En-Lai in der Blumensprache Chinas und sagt: »Sei mir gegrüßt, du Lotusblume von China.« Hierauf antwortete Chou En-Lai: »Sei mir gegrüßt, du Puffbohne aus Leipzig.«[*]

Ulbricht fragt Chou En-Lai, wie viele Einwohner China hat, worauf Chou En-Lai antwortet. »Etwa 600 000 000.« Ulbricht fragt ihn, wie viel denn gegen sein Regime wären, worauf Chou En-Lai sagte: »15 000 000.« Walter Ulbricht sagte: »Die habe ich auch.«

Chruschtschow ist bei Kennedy in Amerika zu Besuch. Sie gehen spazieren. Chruschtschow sagt zu Kennedy: »Du hast hier wohl keinen Wohlstand, denn es sind hier ja keine Betrunkenen zu sehen.« Kennedy sagte zu Chruschtschow: »So etwas gibt es bei uns nicht, so wie es bei euch ist.«

Kennedy sagte weiter: »Wenn du einen triffst, der betrunken ist, dann kannst du ihn umlegen«, und gab ihm eine Maschinenpistole. Chruschtschow ging los, um welche zu suchen, die betrunken sind. Er ging in ein Lokal und traf dort Betrunkene und legte sie um.

---

[*] Im Volksmund hielt sich das Gerücht, dass Ulbrichts Mutter in Leipzig einst einen Puff betrieb.

Am nächsten Tag stand in der amerikanischen Zeitung: »Glatzköpfiger Bandit legt sämtliche Mitglieder der russischen Botschaft um.«

Ein Deutscher, ein Amerikaner und ein Russe gehen durch die Wüste. Jeder darf nur eine Feldflasche zu trinken mitnehmen. Der Russe nimmt Wodka mit und stirbt. Der Amerikaner nimmt Whisky mit und stirbt auch. Der Deutsche nimmt Kaffee mit, er kommt durch, durch die Wüste. Man fragte ihn, wie er das gemacht hat, dass er durchgekommen ist. Er sagte: Immer wenn er Durst gehabt hat, hat er im Neuen Deutschland *gelesen, und dann ist ihm der Kaffee hochgekommen.*

Keine Butter, keine Sahne, auf dem Dach die rote Fahne.

Eine Königstochter schläft, einige Fürsten bemühen sich darum, die Königstochter wach zu bekommen, was ihnen aber nicht gelingt. Da kommt ein Bettler und flüstert der Königstochter etwas ins Ohr. Daraufhin springt sie auf und greift zur Geldbörse und läuft los. Als man den Bettler fragt, was er denn der Königstochter ins Ohr geflüstert hat, sagt dieser: »Ich habe zu ihr gesagt, im Konsum gibt es Butter.«

Kein Nagel, kein Papier, aber einen Sputnik* haben wir.

Als Harry Müller im Dezember 1961 im Gerichtssaal des Bezirksgerichtes hört, dass er wegen der banalen Witze, die ja immerhin auch ein Fünkchen Wahrheit

---

* erster sowjetischer Erdsatellit

enthielten, für drei Jahre und acht Monate ins Zuchthaus muss, kann er es nicht glauben.

Zum Absitzen seiner Strafe wird er in den berüchtigten Knast nach Bautzen überstellt. Mithilfe eines Rechtsanwaltes aus Teterow beginnt er ein jahrelanges Ringen um eine vorzeitige Haftentlassung. Harry will nur raus aus dem Knast. Er verhält sich ruhig und diszipliniert und folgt widerspruchslos allen Anweisungen. Auf der Arbeit erreicht er eine Normerfüllung von 172 Prozent. Um keinesfalls anzuecken, hält er sich aus allen politischen Diskussionen heraus. Aber gerade das wird ihm jetzt zum Vorwurf gemacht. Fragt ihn die Gefängnisleitung, was er nach der Haftentlassung beruflich machen wolle, gibt er ehrlich an, sein privates Einzelhandelsgeschäft weiterführen zu wollen. Auch das kommt bei den Genossen nicht gut an.

Sämtliche Anträge auf bedingte Strafaussetzung und vorzeitige Haftentlassung werden von der Gefängnisleitung wie folgt abgelehnt:

Eine bedingte Strafaussetzung wird nicht befürwortet, da der Strafzweck nicht erreicht ist. Der bisherige Stand der Umerziehung zeigt, dass voraussichtlich die Strafe restlos zu verbüßen ist.

Anlässlich des 15. Jahrestages der Republik erlässt der Staatsrat der DDR eine Amnestie. Am 25. November 1964 wird auch Harry Müller entlassen und darf nach Hause nach Malchin fahren. Er verbrachte drei Jahre und einen Monat im Zuchthaus.

Macht und Ohnmacht

Sind die vorab erzählten Geschichten typisch für den Umgang des SED-Staates mit Witze-Erzählern? Man könnte mit Radio Jerewan antworten: »Im Prinzip ja. Aber ...«

Sicher stehen sie für Hunderte anderer Schicksale. Und doch sind sie keinesfalls typisch für die Antwort des SED-Regimes auf die kleinste literarische Form politischer Satire.

Zu allen Zeiten – von der Gründung der Stasi am 8. Februar 1950 bis zu ihrer ruhmlosen Auflösung im Herbst 1989 – hatte der DDR-Geheimdienst die Erzähler politischer Witze belauscht, observiert und alles bis ins Detail dokumentiert. Und die ostdeutschen Machthaber hatten zu allen Zeiten weitreichende juristische Werkzeuge, um unliebsame Spötter aus der Gesellschaft zu entfernen (Rechtsgrundlagen und Strafmaß: siehe Tabelle im Anhang des Buches).

Wo Mächtige um ihre Macht fürchten, wird Satire verfolgt. Viele Ostdeutsche haben sich auch in den Zeiten der Ohnmacht ihren Humor bewahrt – selbst wenn sie dabei mitunter ein hohes Risiko eingingen. Was geschah mit den Witze-Erzählern, die in freudlosen Zeiten den Mut aufbrachten, die Machthaber lächerlich zu machen?

Die »Biene«-Geschichte »Stasi sei Dank!« war eine schillernde Ausnahme. In den 50er- und 60er-Jahren waren bei »staatsgefährdender Hetze« Festnahmen und gerichtliche Verurteilungen mit einem Strafmaß von einem bis zu drei Jahren an der Tagesordnung. Selten lag das Strafmaß darunter oder darüber.

Dazu musste man den Witz nicht unbedingt selbst erzählt haben. Es reichte, wenn man durch Lachen oder andere Gesten seine Zustimmung zum Ausdruck brachte. So erging es kurz nach dem Mauerbau vier jungen Männern aus dem Bezirk Schwerin: Einer erzählte einen Witz über Ulbrichts Spitzbart. Die drei anderen lachten und fuhren sich mit Daumen und Zeigefinger übers Kinn. Schließlich tauchte einer sein Kinn in das frisch gezapfte Bier, so dass der weiße Schaum einen Spitzbart bildete, der nach unten triefte. Die ganze Dorfkneipe schrie vor Lachen. Die vier Männer lachten nicht mehr lange.

Erzählte ein DDR-Bürger einen politischen Witz, wurde er nicht zwangsweise verhaftet und verurteilt. Fand die Stasi den Erzähler interessant, um mit seiner Hilfe in Gruppen unangepasster Jugendlicher, in die Szene der jungen Intelligenz oder in kirchliche und Künstlerkreise einzudringen, versuchte sie, ihn als IM anzuwerben. Ein vertrauenswürdig erscheinender junger Mann mit scharfer Zunge wurde so zum Wolf im Schafspelz. Derartig verpflichtete IMs erhielten Aufträge, in schwer zugängliche Kreise der PUT (Politische Untergrundtätigkeit) oder der PID (Politisch-ideologische Diversion) einzudringen. Das klang nur im Stasi-Deutsch so gefährlich – eine ernsthafte PUT oder PID in nennenswerter Dimension hat es in der DDR nie gegeben.

Die meisten Geschichten, die wir in den Stasi-Akten fanden, sind Geschichten vom Lande. Sie erzählen vom tristen Leben in den dünn besiedelten Nordbezirken zwischen Berlin und Ostsee in den 50er- und 60er-Jahren. Viele Geschichten handeln von Dorfkneipen und Denunzianten mit Rhabarber-Ohren. Hier kannte jeder jeden. Nach dem Untergang des Dritten Reiches, der Besetzung durch die Rote Armee und der Bodenreform galt der oft scherzhaft zitierte Paragraf 1 der Mecklenburgischen Landesverfassung »Olles blievt bien ollen« (Alles bleibt beim Alten) nicht mehr.

Die Großgrundbesitzer waren vertrieben oder von den Sowjets deportiert, ihre Ländereien aufgeteilt. Zwischen Kleinbauern, Neubauern und Flüchtlingen aus den verlorenen Ostgebieten herrschte nicht immer ein freundliches Klima. Die Zwangskollektivierung zerschlug gewachsene Strukturen. Alte Dorfgemeinschaften gab es nicht mehr, neue waren noch nicht gewachsen. Die Kneipe im Dorf oder in der Kleinstadt war der gesellschaftliche Mittelpunkt. Hier wurde gefeilscht und gefeiert – und spätestens beim zweiten Gläschen gingen die neuesten Witze von Mund zu Mund.

Für die Stasi war der Gasthof ein leicht überschaubares Terrain zum Ausspionieren politischer Standpunkte. Ein mecklenburgischer Bauer lässt sich im Dorfkrug nicht verbieten, das zu sagen, was er denkt. In der Kneipe konnte es gleich mehrere Spitzel geben, die einen leicht dahingesagten Witz weitermeldeten: der Abschnittsbevollmächtigte der Polizei, der sein Feierabendbier trank, der Gastwirt, der den Zecher nicht mochte oder der großzügige Nachbar, der die letzte Runde Korn übernahm.

Landete der Bericht über den Witze-Erzähler bei der MfS-Kreisverwaltung und die Stasi hatte kein Interesse, ihn als IM zu werben, nahmen üblicherweise die Dinge ihren unglücklichen Lauf. Der Witze-Erzähler wurde von der Stasi festgenommen, und das MfS ließ im Nachhinein vom Kreisgericht einen Haftbefehl ausstellen. In der Begründung stand stets, dass der Festgenommene mit einer mehrjährigen Gefängnisstrafe zu rechnen habe und darum Fluchtgefahr bestehe. Wurde der Denunzierte von der VP festgenommen, zog meist das MfS im Hintergrund die Fäden.

Woher wusste die Stasi, wie das Gericht urteilen würde? Die Akten offenbaren, dass Stasi, Kripo und Gericht Hand in Hand arbeiteten. Die Stasi verhörte den Untersuchungshäftling üblicherweise zwei bis drei Monate lang und vernahm Zeugen, die zugegen waren, als der Witz erzählt wurde. So wundert es nicht, dass aus einem oder mehreren Witzen eine über tausend Seiten dicke Stasi-Akte wuchs.

Die Protokolle lassen Rückschlüsse auf die Verhörmethoden zu: Sprach der Beschuldigte – meist waren es einfache Bauern oder Arbeiter – anfangs noch so, wie ihm der Schnabel gewachsen war, so änderte sich seine Sprache im Laufe der Zeit immer mehr zu dem, was die Vernehmer hören wollten. Am Ende sind Sätze zu lesen, die kein normaler Mensch sagen würde, aber die dennoch Seite für Seite vom Beschuldigten unterschrieben wurden:

»Ich gestehe, gehetzt zu haben …«

»Ich gestehe, staatsgefährdende Hetze gegen den Vorsitzenden des Staatsrates der Deutschen Demokratischen Republik begangen zu haben …«

»Ich gestehe, Hetzsendungen von Feindsendern gehört zu haben …«

»Ich gestehe, durch meine Hetze den Weltfrieden gefährdet zu haben …«

Beim Lesen der Protokolle kann man sich vage vorstellen, wie der Inhaftierte im stalinistischen Geiste so lange bearbeitet wurde, bis er freiwillig sagte oder schrieb: »Ich gestehe.«

Üblicherweise musste der Häftling die von ihm erzählten politischen Witze eigenhändig auf einem separaten Blatt niederschreiben, sozusagen als Anlage zum Verhörprotokoll. Die Witze wurden dann von dem Stasi-Offizier, der das Verhör führte, mit der Schreibmaschine abgetippt. Die Ermittlungsakten des MfS gingen anschließend an das Gericht und bildeten die Grundlage für die Anklage.

Die vom Beschuldigten niedergeschriebenen Witze jedoch wurden in einem separaten geschlossenen Umschlag dem Staatsanwalt persönlich übergeben. Nur dieser durfte das Kuvert mit dem staatsgefährdenden Inhalt öffnen. Damit stellte die Stasi sicher, dass die Witze nicht etwa einer Sekretärin oder anderen Mitarbeitern des Gerichtes in die Hände fielen, die dann darüber lachen könnten oder sie gar weitererzählten. Die Witze wurden während der Gerichtsverhandlung nicht zitiert, denn es hätte ja sein können, dass jemand im Gerichtssaal darüber lacht. Damit wäre eine Anklage wegen staatsgefährdender Hetze ad absurdum geführt worden.

Alle Gerichtsverhandlungen ähneln sich und sind im Grunde eine Farce: Der Staatsanwalt, der als Einziger die Witze lesen durfte, trägt in seinem Plädoyer das vor, was die Stasi für ihn formuliert hat, und fordert eine Haftstrafe wegen staatsgefährdender Hetze.

Staatsanwalt, Verteidiger und Richter waren weitgehend gleichgeschaltet. In allen Prozessen, die in den Stasi-Akten dokumentiert sind, wiederholt der Verteidiger den Inhalt der Anklage, anstatt die Anklage zurückzuweisen, und spricht seinen Mandanten damit indirekt schuldig, anstatt ihn tatsächlich zu verteidigen. Am Ende sagt der Verteidiger jedes Mal sinngemäß in zwei Sätzen, dass man doch mehr auf die Persönlichkeit des Angeklagten eingehen und vielleicht ein etwas geringeres Strafmaß aussprechen solle. Offensichtlich musste er zur Wahrung der Form diese Floskel sagen. Nie sagt ein Verteidiger, dass sein Mandant unschuldig ist. Nie wagt es der Verteidiger auszusprechen, dass sein Mandant doch nur ein paar Witze erzählt hat.

Am Ende verkündet der Vorsitzende Richter ein Urteil, dass hundertprozentig dem entspricht, was der Staatsanwalt fordert. Nur in seltenen Fällen wagt es ein Verteidiger, in Berufung zu gehen – und dies auch nur, weil der Verurteilte hartnäckig darauf bestand. In keinem der in den Stasi-Akten dokumentierten Fälle führte dies zu einer Reduzierung des Strafmaßes.

Die meisten der verurteilten Witze-Erzähler sitzen mehr als die Hälfte der Strafe ab und werden – gute Führung vorausgesetzt – bei der nächsten Amnestie oder einem Gnadenerlass vorzeitig entlassen. Üblicherweise kehren sie in ihre vorherigen Wohnorte zurück und erzählen keine politischen Witze mehr. Die SED-Machthaber haben ihr Ziel erreicht: Der Bevölkerung sitzt die Angst im Nacken.

In den Stasi-Verwaltungen ostdeutscher Großstädte wurden bislang nur wenige Akten über politische Witze und deren Erzähler gefunden. Das kann verschiedene Gründe haben. Möglicherweise war in der Großstadt gegenseitiges Denunzieren weniger verbreitet, weil sich Städter generell weniger für ihre Nachbarn interessieren. Ein anderer Grund könnte sein, dass die Stasi in der Frontstadt Berlin mit spürbarer Nähe zum Klassenfeind und täglichen West-Besuchern andere Herausforderungen zu bewältigen hatte, als in Eckkneipen den politischen Witzen zu lauschen. Und in Leipzig? Da musste die SED-Bezirksleitung alljährlich die Fastenzeit zwischen zwei Messen mühsam überbrücken.

Aus Berlin und Leipzig berichteten regelmäßig Journalisten westlicher Medien. Der SED-Führung wäre es sicher peinlich gewesen, wenn die internationale Öffentlichkeit erfahren hätte, dass man in der DDR wegen des Erzählens politischer Witze ins Gefängnis gesteckt wird. Schließlich könnte der dünne Aktenbestand in Großstädten auch dadurch bedingt sein, dass dort viele Stasi-Akten im Herbst '89 vernichtet wurden.

Die politischen Verfolgungen und Verurteilungen von Witze-Erzählern erreichen nach dem 13. August 1961 ihren Höhepunkt. Mit der Grenzschließung war die Mausefalle zugeschnappt. Jetzt konnte sich niemand mehr vor politischer Verfolgung in den Westen retten. Die SED-Genossen konnten jeden ausschalten, der die ungeliebten Machthaber auslachte.

Ab Ende der 60er-Jahre werden die Prozesse und Verurteilungen spürbar weniger. Die letzte strafrechtliche Verfolgung von Witze-Erzählern, die wir in den Stasi-Akten fanden, stammt aus dem Jahre 1972 und betraf drei junge Ingenieure aus dem VEB Wismut in Zwickau.

In den 70er- und 80er-Jahren lässt die Stasi weiterhin ihr bekannte Witze-Erzähler als »feindlich-negative Personen« bespitzeln und führt die konspirativ gewonnenen Informationen der »operativen Personenkontrolle« in OPK-Akten zusammen. Das MfS lässt sich aber Zeit, die Fälle »staatsfeindlicher Hetze« der Staatsanwaltschaft zu übergeben.

Stattdessen sucht das MfS – wiederum durch konspirative Informationsbeschaffung – nach juristisch verwertbaren Ansätzen, um verdächtige Personen zu kriminalisieren. Wird jemand verhaftet oder verurteilt, dann soll es möglichst so aussehen, als ob es nicht aus politischen Gründen geschieht.

Viele OPK-Akten enden zwei oder drei Jahre vor dem Mauerfall, vermutlich weil bei den Akten-Vernichtungen der Stasi zuerst solche Vorgänge geschreddert oder verbrannt wurden, die aktuell in Bearbeitung und noch nicht archiviert waren.

Gab es eine Witze-Sammlung des MfS? Im Gegensatz zum westdeutschen BND, der die DDR-Witze als ostdeutsches Stimmungsbarometer für das Bundeskanzleramt sammelte (siehe den Band von Hans-Hermann Hertle und Hans-Wilhelm Saure »Ausgelacht – DDR-Witze aus den Geheimakten des BND«, Ch. Links Verlag, Berlin 2015), gab es bei der Stasi keine Abteilung, die die politischen Witze sammelte. Nach heutiger Kenntnis auf Grundlage der erschlossenen Akten besaßen nicht einmal Stasi-Chef Mielke oder SED-Chef Honecker eine Sammlung politischer Witze. Eigentlich ist das untypisch, denn gerade Mielke war für seine Sammelwut bekannt. Er hatte sogar die ihn belastenden Akten über den Polizistenmord am 9. August 1931 auf dem Bülowplatz in Berlin, an dem er beteiligt war, in seinem Panzerschrank aufbewahrt. Es hätte mich nicht überrascht, wenn Mielke auch die politischen Witze über ihn und die Stasi gesammelt hätte. Während der Recherchen zu diesem Buch wurde nichts dergleichen entdeckt.

Der Zugang zu den politischen Witzen erschließt sich in den Akten des MfS über die operativen Personenkontrollen (OPK). Es handelt sich also immer um Akten über eine Person, die verfolgt wurde, weil sie einen oder mehrere Witze erzählt hatte.

Sachakten zu politischen Witzen gibt es vergleichsweise wenige. Allerdings waren die politischen Witze ab Mitte der 80er-Jahre ein Thema bei den monatlichen Berichten der MfS-Bezirksverwaltungen an die SED-Bezirksleitungen.

Die Stasi war seinerzeit bestens über die Stimmung im Lande informiert und berichtete den SED-Bezirksleitungen offen über die wirklichen Probleme: die schlechter werdende Versorgungslage, die negative Stimmung unter der Bevölkerung, die nicht effektiv arbeitenden Betriebe, die sinkende Arbeitsmoral, die Wut über nicht genehmigte Auslandsreisen und die steigende Zahl von Ausreiseanträgen.

Ernüchtert konstatierte das MfS ab Mitte der 80er-Jahre in seinen Berichten, dass selbst den SED-Genossen die Argumente über die Vorzüge des Sozialismus ausgehen und sogar in Parteiversammlungen politische Witze erzählt werden. Dabei berichtete das MfS den Parteileitungen, dass auf den wenigen Kopiergeräten in Betrieben und Verwaltungen, welche mit kostbaren Devisen eingekauft und aus Sicherheitsgründen unter Verschluss zu halten waren und nur von ausgewählten Personen bedient werden durften, immer öfter politische Witze vervielfältigt werden.

Konnten sich die Witze-Erzähler in den 80er-Jahren darum in Sicherheit wiegen? Keinesfalls! Der Paragraf 106 des DDR-Strafgesetzbuches existierte weiter. Er gab den SED-Machthabern die Möglichkeit, jeden unliebsamen Spötter für Jahre hinter Gitter zu sperren, was jedoch nur noch selten praktiziert wurde.

Davon unabhängig perfektionierte die Stasi seit 1967 ihre geheimen Pläne, unter bestimmten Bedingungen »feindlich-negative Personen« in Isolierungslagern wegzusperren. Die Pläne für den »Tag X« galten im Falle einer inneren Krise oder im Verteidigungszustand.

Zum Ende der DDR waren rund 86 000 Bürger vom MfS im sogenannten »Vorbeugekomplex« erfasst. Es reichten Kleinigkeiten, um auf die Liste für ein Isolierungslager zu kommen: eine abgelehnte Westreise, ein abgelehnter Ausreiseantrag oder briefliche Kontakte zu Personen, die auf ungesetzlichem Wege in die Bundesrepublik geflüchtet waren. Auf jeden Fall für die Isolierungslager vorgesehen waren Personen, die vom MfS in einer OPK bearbeitet wurden.

Nahezu jeder Witze-Erzähler, von dem das MfS Kenntnis hatte, wurde als »feindlich-negative Person« in einer OPK bearbeitet. Folglich waren auch die vom MfS erfassten Witze-Erzähler für eine Vorbeugehaft vorgesehen. Für die Einlieferung in derartige Isolierungslager hätte es keiner gerichtlichen Anklage bedurft.

Der »Tag X« war mit deutscher Gründlichkeit geplant: Personalien und Aufenthaltsorte festzunehmender Personen waren auf Formblättern erfasst. Eine Lageskizze des Hauses samt Foto lag dabei, um Fluchtwege abzuschneiden. Die Ausrüstung der Festnahmegruppen war festgelegt: ein PKW, ein UKW-Sprechfunkgerät, zwei Maschinenpistolen, Knebelketten, Handschellen, Schlagstöcke sowie Taschenlampen und Schreibgerät.

Woher stammen die DDR-Witze? Einen weisen alten Mann, der versteckt in einem thüringischen Bergdorf die DDR-Witze erfand, hat es nie gegeben. Bei der Suche nach dem Ursprung der Witze halfen mir zwei Autoren, die man heute kaum mehr kennt: Jörg Willenbacher und Richard Hermes.

Jörg Willenbacher hieß in Wirklichkeit Franz Osterroth (1900 Eisenberg – 1986 Lübeck) und war ein sozialdemokratischer Widerstandskämpfer, Politiker und Autor. Um einer drohenden Verhaftung durch die Gestapo zu entgehen, floh er 1934 in die Tschechoslowakei. 1935 veröffentlichte er unter dem Pseudonym Jörg Willenbacher in der Verlagsanstalt Graphia Karlsbad das Werk »Deutsche Flüsterwitze. Das Dritte Reich unterm Brennglas«, bestehend aus 415 Witzen gegen die Nazi-Diktatur.

Es ist meines Wissens das erste Werk, in dem der Begriff »Flüsterwitz« auf dem Buchtitel erscheint. Die Nationalsozialisten setzten das Buch auf die »Liste des schädlichen und unerwünschten Schrifttums«. Damit war die Einfuhr nach Deutschland verboten, und man kennt das Buch folglich in deutschen Bibliotheken oder Antiquariaten kaum. Die Exil-Veröffentlichung findet man heute noch als bibliophile Kostbarkeit gelegentlich in Tschechien oder in Belgien.

Bemerkenswert ist die Fülle von Anti-Nazi-Witzen, die Jörg Willenbacher 1935 publiziert hatte, obwohl die Nazis doch erst zwei Jahre an der Macht waren. Das legt die Vermutung nahe, dass viele Witze keine Erfindung der Nazi-Gegner waren, sondern dass sie aus anderen Diktaturen eingewandert sind und sich den neuen Bedingungen angepasst hatten.

Die zweite wichtige Quelle, die zum Ursprung der DDR-Witze führt, ist der (Hamburger?) Schriftsteller Richard Hermes, über den man heute kaum noch etwas weiß. Hermes sammelte während des Zweiten Weltkrieges Anti-Nazi-Witze und riskierte damit sein Leben. Er hatte sie in kurzen Stichpunkten in Stenoschrift notiert und versteckt. Mehrmals durchsuchte die Gestapo seine Wohnung, fand aber die Witze-Sammlung nicht.

Anders als zu DDR-Zeiten, stand im »Dritten Reich« auf die Verbreitung von Witzen über Hitler oder die Reichsregierung die Todesstrafe. Und damit wurde nicht gespaßt. Wir wissen heute aus Gestapo-Akten von der Hinrichtung von Witze-Erzählern. Am bekanntesten ist das Schicksal der jungen Krieger-Witwe Marianne K. Die technische Zeichnerin erzählte folgenden Witz: »Hitler und Göring stehen auf dem Berliner Funkturm. Hitler sagt: ›Ich will den Berlinern eine Freude machen.‹ Darauf Göring: ›Na, dann spring doch!‹«

Marianne K. wurde von Kollegen verpetzt, vom Volksgerichtshof verurteilt und am 26. Juni 1943 in Berlin enthauptet.

Der Autor Richard Hermes wusste, dass ihm die Todesstrafe drohte und dennoch schrieb er, während in den letzten Wochen des Krieges die Bomben Hamburg in Schutt und Asche legten, das Buch »Witz contra Nazi«.

In seinem Vorwort erklärt er in deutlicher Sprache die Intention seiner Witze-Sammlung:

Die Deutschen fielen ja auf alles herein! Kaum einer gab sich die Mühe, die von der Goebbelschen Propagandajauche infizierten Quellen auf Keimfreiheit zu prüfen. Dazu kommt der unausrottbare Aberglaube der Deutschen, die Weisheit ihrer Regierung müsse immer größer sein als das Wissen der Regierten.

Weiter schreibt er:

Die meisten Witze trafen aber den Nagel auf den Kopf, und die Wut, mit der Parteistellen und Gestapo die Witzemacher und Verbreiter unerbittlich verfolgten, zeigte deutlich, dass man hier die einzige Waffe zerschlagen wollte, die Nazigegnern nach der völligen Vernichtung der Pressefreiheit noch geblieben war!

Richard Hermes hatte rund 500 Witze gegen die Nazis zusammengetragen und im Frühjahr 1945 niedergeschrieben. Im Frühjahr 1946 erscheint »Witz contra Nazi« im Morawe & Scheffelt Verlag in Hamburg.

Was, bitte, hat das mit der DDR zu tun? Hermes'

Anti-Nazi-Witze-Sammlung hätten wegen ihres antifaschistischen Geistes auch in Ostdeutschland publiziert werden können – hatten sich doch die neuen Machthaber östlich der Elbe den Antifaschismus auf die Fahnen geschrieben. Aber die Witze aus Hermes' Sammlung waren längst von einer in die nächste Diktatur gewandert und in der Sowjetzone und späteren DDR wieder in aller Munde. Nur die Personen, die ausgelacht wurden, trugen nun andere Namen.

Als ich erstmals in »Witz contra Nazi« von Richard Hermes blätterte, dachte ich, hoppla, den kennst du doch! Und viele, viele andere kenne ich auch! Nur hießen damals die Hauptdarsteller in den Witzen Hitler, Göring, Heß und Goebbels. Ich, ein geborener Ossi, kannte dieselben Pointen – jedoch mit den Witzfiguren Ulbricht, Honecker, Mielke und von Schnitzler. Es ist phänomenal, wie schnell die Witze von dem einen System in das andere gewandert sind und den neuen Machtverhältnissen angepasst wurden.

Zum Beispiel schreibt Richard Hermes gleich am Anfang seiner Sammlung:

Liegt vor Tür auf Matte und lügt?
Auflösung: Der »V. B.« (»Völkischer Beobachter«)

Ich kenne den gleichen Witz aus den 70er-Jahren, allerdings lautete damals die Antwort *ND (Neues Deutschland)*.

Die von den Faschisten zu den Kommunisten gewanderten Witze ziehen sich durch alle Bereiche des Lebens und sind in ähnlicher Weise strukturiert; es gibt Witze über die Spitze von Staat und Regierung, die Partei, die Geheimpolizei, Karlchen (oder Fritzchen) in der Schule, die Machtspiele zwischen den mächtigsten Staatsmännern und die Ankunft der Parteibonzen an der Himmelspforte.

Als der Lehrer in der Schule fragt, wie groß das Dritte Reich sei, antwortet Karlchen:
   »Das Dritte Reich ist 1,60 m groß!«
   ???
   »Doch, Herr Lehrer, mein Vater ist 1,80 m groß, und dem steht es schon bis zum Halse!«

Den gleichen Witz erzählte man sich in der DDR, doch damals lautete die Frage des Lehrers: »Wie groß ist der Sozialismus?«
   Die alten Anti-Nazi-Witze schafften in abgewandelter Form sogar den Sprung nach Moskau.

Als der Uniformen und Orden liebende Hermann Göring in der Meißner Porzellanmanufaktur einen kostbaren Teller geschenkt bekam, drehte er ihn hin und her. Der Betriebsführer glaubte, er suche nach der berühmten Marke und zeigte auf die gekreuzten Schwerter.
   »Nein, nein«, wehrte Göring ab, »ich suche nur die Spange zum Anstecken.«

Ich kannte denselben Witz in der Konstellation: Honecker besucht Breshnew in Moskau und schenkt ihm einen Teller aus Meißner Porzellan.
   Der Wanderwitz ersetzte sogar den ehemaligen Reichsminister für Volksaufklärung und Propaganda Joseph Goebbels durch den DDR-Fernsehmoderator

Karl-Eduard von Schnitzler. Viele ehemalige Ossis kennen den Witz, in dem führende Politiker einen Sumpf durchqueren müssen, in dem man umso tiefer einsinkt, je mehr man gelogen hat. Dabei sinkt Erich Honecker nur wenig ein. Auf die erstaunte Frage, ob er denn ein so ehrlicher Mensch war, antwortet Erich lächelnd: »Nein, nein. Ich stehe auf den Schultern von Schnitzler.«

In der Urversion des Witzes ist es Adolf Hitler, der zum Erstaunen der anderen nur wenig im Sumpf versinkt. Und der Zuhörer bekommt zur Antwort: »Er steht schon die ganze Zeit auf dem Kopf von Goebbels.«

Selbst die jüngsten DDR-Witze kurz vor dem Ende der SED-Herrschaft stammen aus der Nazizeit:

Zum Jahresanfang 1989 erzählte man sich in Ostberlin, dass bei Egon Krenz eingebrochen worden sei. Gestohlen wurde das Ergebnis der bevorstehenden Volkswahlen vom 7. Mai 1989.

Im Buch »Witz contra Nazis« von Richard Hermes steht es so:

Großer Einbruch bei Dr. Goebbels im Jahre 1935.
　Gestohlen wurde das Wahlergebnis von 1936.

Selbst der bekannte Trabifahrer-Witz »Lieber Gott, mach ihn krumm, dass ich aus dem Auto kumm'« hatte einen Vorläufer aus der Nazizeit. Damals hieß es:

Münchener Stoßgebet!
Lieber Gott, mach mich stumm,
Dass ich nicht nach Dachau kumm'!

Nach heutigem Wissen handelt es sich bei etwa der Hälfte der einschlägigen DDR-Witze um Wanderwitze aus der NS-Zeit. Woher aber kommen die anderen Witze?

Von meinen Reisen in den 70er-Jahren durch die Sowjetunion und die sozialistischen Länder Südosteuropas weiß ich, dass überall die gleichen oder zumindest ähnliche Witze über die Machtverhältnisse im Ostblock gerissen wurden. In der UdSSR wurde schon nicht mehr hinter vorgehaltener Hand, sondern relativ offen über Lenin, Chruschtschow, Breshnew und die katastrophale Wirtschaft gelacht. Später erschienen in der sowjetischen Zeitschrift *Sputnik* sogar politische Witze. Die Vermutung liegt nahe, dass viele Witze vom »Großen Bruder« in die DDR wanderten.

Und warum fielen Hohn und Spott gegen die DDR-Regierung und die Verhältnisse im eigenen Land auf einen derart fruchtbaren Boden? In Anlehnung an Richard Hermes könnte man antworten: Nach der Unterdrückung der Pressefreiheit und der Zensur der Verlage waren die politischen Witze die einzige Literatur, die sich frei entfalten konnte.

Mein Gott, Walter!

Walter Ulbricht (geb. 1893 in Leipzig) kam 1945 aus sowjetischem Exil nach Berlin und baute den Staatsapparat der späteren DDR auf. Von 1950 bis 1971 stand er an der Spitze des ZK der SED. Als sowjetischer Statthalter veranlasste Ulbricht den Aufbau des Sozialismus in der DDR sowie 1961 den Bau der Berliner Mauer.

Breshnew und Honecker vereinbarten 1970 in Moskau, dass Ulbricht abtreten soll. 1971 erklärte Ulbricht »aus gesundheitlichen Gründen« seinen Rücktritt. Nachfolger wurde Erich Honecker. Ulbricht starb am 1. August 1973 im Gästehaus der Regierung am Döllnsee – während der X. Weltfestspiele der Jugend und Studenten in Ostberlin.

Wer ist der größte Feldherr aller Zeiten?
Walter Ulbricht. Er hat 2,5 Millionen Gegner in die Flucht geschlagen und 17 Millionen Gefangene gemacht.

Welches ist das blumenreichste Land der Welt?
Die DDR – 17 Millionen Mauerblümchen und eine Bartnelke.

Wer ist der größte Chirurg der Welt?
Walter Ulbricht. Er hat aus dem Herzen Europas den Arsch der Welt gemacht.

Ulbricht ist zur Operation im Krankenhaus, um seine Ohren weiter nach hinten versetzen zu lassen. Warum? Damit er noch mehr die Klappe aufreißen kann.

Ulbricht fährt mit seinem Chauffeur übers Land. In einem Dorf läuft ein Schwein der LPG vors Auto und wird totgefahren.

»Wir müssen uns bei den Genossenschaftsbauern entschuldigen und den Schaden ersetzen«, sagt Ulbricht und will aussteigen.

»Bitte bleiben Sie sitzen, Genosse Ulbricht! Ich kläre das«, sagt sein Fahrer und geht zur Verwaltung der LPG.

Nach einer Viertelstunde kehrt er zurück mit einem riesengroßen Strauß Blumen, umhängt von Würsten. Den Präsentkorb voller Schinken und anderer Leckereien kann er kaum tragen. Ulbricht staunt und fragt: »Wie hast du das gemacht?«

»Ganz einfach. Ich habe gesagt: ›Ich bin der Fahrer von Ulbricht. Das Schwein ist tot.‹«

Walter und seine Frau Lotte fahren übers Land. Dabei beobachten sie, wie ein Bauer Pferdeäpfel aufsammelt. Walter hält an und fragt: »Genosse, was machen Sie denn damit?«

»Die sind für die Erdbeeren.«

Walter fährt weiter und sagt zu Lotte gewandt: »Nu, siehste, es muss nicht immer Schlagsahne sein.«

Walter auf einer Parteikonferenz: »Nu, Genossen, wir wissen, dass Papier ein knapper Rohstoff ist. Um die damit verbundenen Versorgungsengpässe dauerhaft zu beseitigen, hat die Partei beschlossen, das Klopapier künftig beidseitig zu benutzen. Der Erfolg liegt klar auf der Hand.«

Walter Ulbricht besucht eine LPG. Der Vorsitzende zeigt ihm ein Weizenfeld. Walter spricht zu den umstehenden Genossenschaftsbauern: »Nu, der Roggen steht gut.«

Der LPG-Vorsitzende flüstert ihm ins Ohr: »Genosse Ulbricht, das ist kein Roggen, sondern Weizen.«

Sie gehen weiter und besuchen ein Gerstenfeld. Walter kommentiert: »Nu, der Hafer steht gut.«

Der Vorsitzende flüstert ihm zu: »Das ist kein Hafer, sondern Gerste.«

Zuletzt besuchen sie ein Maisfeld. Walter kommentiert: »Nu, die Hirse steht aber auch gut.«

Der Vorsitzende flüstert ihm: »Das ist keine Hirse, sondern Mais.«

»Das macht überhaupt nichts,« sagt Walter zu den umstehenden Bauern, »Hackfrucht bleibt Hackfrucht.«

Weil es in der DDR keine Butter gibt, kauft Lotte Ulbricht eine Ziege, um sie zu Hause zu melken und dann selbst zu buttern. Damit es von den Nachbarn niemand bemerkt, fährt sie das Zicklein im Kinderwagen zur Weide.

Dummerweise begegnet ihr unterwegs Frau Grotewohl.

»Na, hat es mit dem Kinderwunsch doch noch geklappt?«, freut sich Frau Grotewohl und schaut in den Wagen: »Oh wie süß, der sieht ja aus wie der Papa!«

Am 1. August 1973 besuchen Erich Honecker und ZK-Sekretär Günter Mittag den kranken Walter Ulbricht im Gästehaus der DDR-Regierung. Plötzlich fängt Ulbricht an zu röcheln und wild zu gestikulieren.

Mittag meint: »Er will uns bestimmt noch etwas Wichtiges sagen. Schnell, reich ihm Papier und Bleistift!«

Honecker gibt Ulbricht Papier und Bleistift. Ulbricht kritzelt etwas aufs Blatt, verdreht die Augen und sagt kein Wort mehr. Der Arzt stellt den Tod fest.

Draußen auf dem Korridor fragt Mittag: »Genosse Honecker, vielleicht hat uns Genosse Ulbricht noch eine wichtige Direktive aufgeschrieben. Was steht auf dem Zettel?«

Honecker nimmt das Stück Papier und liest vor: »Lieber Genosse Honecker, bitte nimm deinen Fuß vom Sauerstoffschlauch, sonst bekomme ich keine Luft mehr …«

Warum brauchte Ulbricht nach seinem Tod so lange, bis er im Himmel ankam?

Er musste zu Fuß gehen, weil er Himmelfahrt abgeschafft hatte.

Ulbricht kommt im Himmel an. Petrus fragt: »Willst du in den Osthimmel oder in den Westhimmel?«

Walter antwortet: »Ich war mein Leben lang Kommunist. Dabei bleibe ich auch nach meinem Tode. Also will ich in den Osthimmel.«

»Einverstanden, Walter«, sagt Petrus. »Aber zum Mittagessen kommst du bitte rüber in den Westhimmel.«

»Warum denn das?«

»Weil wir für einen allein nicht kochen.«

Ein Parteifunktionär landet erwartungsgemäß in der Ost-Hölle. Seine Genossen begrüßen ihn in bester Laune.

»Ich fürchtete, wir werden in Pech und Schwefel gekocht«, sagt der eben Eingetroffene.

»Keine Sorge. In der Ost-Hölle hat inzwischen der Sozialismus gesiegt. Mal gibt es kein Pech, mal keinen Schwefel. Es fehlt an Holz und Kohle, und die Streichhölzer zünden nicht. Und der Teufel, der das alles überwachen soll, ist auf Parteischule.«

Die Partei, die Partei, die hat immer Recht

Das »Lied von der Partei« (mit der bekannten Zeile »Die Partei, die Partei, die hat immer Recht«) wurde 1949 von dem deutschböhmischen Kommunisten Louis Fürnberg (1909–1957) als Satire auf die Allmacht der kommunistischen Partei verfasst. Anlass war, dass Fürnberg 1949 nicht zum Parteitag der Kommunistischen Partei der Tschechoslowakei eingeladen wurde. In der DDR wurde das Lied als Lobeshymne auf die Partei umgedeutet. Es war das liebste Lied von SED-Generalsekretär Erich Honecker.

Was ist der Unterschied zwischen Jesus, Hitler und Ulbricht?
Jesus machte aus Wasser Wein, Hitler aus Menschen Seife und Ulbricht aus Lumpen Parteigenossen.

Wie kriegt man zwei SED-Genossen in eine Mülltonne?
Man muss eine Westmark reinwerfen.

Was ist das? Es liegt auf der Treppe und lügt.
Das *Neue Deutschland.**

Warum kostet die *Prawda*** umgerechnet 10 Pfennige, das *Neue Deutschland* aber 15 Pfennige?
5 Pfennige sind die Übersetzungsgebühr.

---

* Zentralorgan (= Tageszeitung) der SED
** Zentralorgan der KPdSU

Was ist ein Schnitz?

Es ist eine physikalische Maßeinheit für die Zeit, die ein DDR-Bürger braucht, um vom Sessel aufzuspringen und den Fernseher auszuschalten, wenn Schnitzlers Antlitz erscheint.

Als Erich Honecker und Günter Mittag in den Himmel kommen, fragt Petrus, wie oft sie gelogen haben.

»Nur ein Mal«, sagt Mittag. Petrus nimmt eine Nadel und sticht ihn ein Mal in den Hintern.

»Etwa zehn Mal«, sagt Honecker. Petrus sticht ihn zehn Mal mit einer Nadel in den Hintern.

Da hören sie nebenan hinter einer Wolke ein ratterndes Geräusch und einen Mann jämmerlich schreien.

»Was ist da los?«, fragt Honecker besorgt.

»Nichts Besonderes«, antwortet ein Engel. »Das ist Karl-Eduard von Schnitzler, der liegt unter einer Nähmaschine.«

Drei Jungs reden stolz von ihren Vätern.

Sagt der erste Junge: »Mein Vater ist Pastor. Geht er durchs Dorf, reden ihn die Leute an mit Euer Hochwürden.«

Der zweite Junge: »Mein Vater ist Bischof. Geht er durch die Stadt, grüßen ihn die Leute mit Seine Heiligkeit.«

Der dritte Junge: »Das ist noch gar nichts. Mein Vater ist Parteisekretär in der LPG. Geht er durch die

Genossenschaft, dann sagen alle Bauern: ›oh Gott, oh Gott.‹«

Der Fahrer eines Kleinbusses hält am Eingang zum ZK der SED in Berlin. Der Wachoffizier fragt, was er hier wolle.

»Ich soll die Propangaskisten abholen«, sagt der Fahrer.

»Propangaskisten? Davon weiß ich nichts«, sagt der Wachoffizier.

»Doch«, erwidert der Fahrer. »So steht es auf dem Fahrauftrag, und reicht einen Zettel.

Der Wachoffizier liest den Zettel und sagt: »Du Vollidiot. Du sollst keine Propangaskisten abholen, sondern Propagandisten!«

Ein Klempner soll im Gebäude des ZK der SED etwas reparieren. Er lehnt sein altes, klappriges Fahrrad neben den Haupteingang, nimmt seine Werkzeugtasche und will gerade hineingehen. Da ruft ihn ein Wachmann zurück und sagt: »Mit Ihrem Fahrrad – das geht auf keinen Fall! Wir erwarten in fünf Minuten eine Delegation aus der Sowjetunion.«

»Gut, dass Sie das sagen«, antwortet der Klempner. »Dann ist es bestimmt besser, wenn ich es anschließe.«

Ein treuer SED-Genosse darf in einem Trauerfall zur Verwandtschaft in die Bundesrepublik reisen. Als er wieder zurück ist, wird er in der Parteiversammlung gefragt:

»Hast du den faulenden und sterbenden Kapitalismus mit eigenen Augen gesehen?«

»Ja.«

»Und ist er so faulend und sterbend, wie Karl Marx ihn beschrieben hat?«

»Ja.«

»Und was meinst du als Genosse dazu?«

»Ein schöner Tod.«

Die ersten drei Punkte der Tagesordnung des XI. SED-Parteitages im Jahre 1986:
1. Hereintragen des Präsidiums.
2. Synchronisieren der Herzschrittmacher.
3. Gemeinsames Singen des Liedes »Wir sind die junge Garde des Proletariats«

Der nächste SED-Parteitag soll im Harz abgehalten werden.

Zwischen den Orten Sorge und Elend.

Wo warst du auf der letzten Parteiversammlung?«, fragt ein Genosse den anderen.

»Hätte ich gewusst, dass es die *letzte* war, wäre ich gekommen.«

Was macht ein SED-Genosse, wenn er in den Westen abhauen will?

Er springt im Intershop über den Tresen und bittet um politisches Asyl.

Fritzchen in der Schule

In der Schule erklärt der Lehrer, dass die Menschen nicht von Gott geschaffen wurden, sondern sich in 15 Millionen Jahren Evolution vom Affen zum Menschen entwickelten. Daraufhin meldet sich Fritzchen:
»Herr Lehrer, das mag alles wahr sein. Aber der DDR-Bürger kann nicht vom Affen abstammen.«
»Warum?«
»Kein Affe hätte es 15 Millionen Jahre ohne Bananen ausgehalten.«

Der Lehrer fordert die Schüler auf, einen Satz zu bilden, in dem die Worte Partei und Frieden vorkommen. Fritzchen meldet sich: »Mein Onkel sagt immer, lasst mich mit der Partei in Frieden!«

Der Deutschlehrer erteilt den Auftrag, eine literarische Metapher für das Wort Sozialismus zu finden.
Lisa meldet sich: »Der Sozialismus ist wie eine Fels in der tosenden Brandung des Meeres.« Der Lehrer lobt sie.
Es meldet sich Karlchen: »Der Sozialismus ist wie eine große und starke Eiche – tief im Boden verwurzelt, strebt sie zum Lichte empor.« Der Lehrer ist entzückt.
Fritzchen schnipst mit den Fingern. Schließlich ist auch er dran: »Der Sozialismus ist wie ein Schiff in stürmischer See. Der Ozean tobt und lässt meterhohe Wellen gegen die Bordwände donnern. Doch das Schiff hält davon unbeeindruckt weiter seinen Kurs.«

»Bravo, Fritzchen«, applaudiert der Lehrer.
»Ich bin noch nicht fertig, Herr Lehrer. Während das Schiff durch die schwere See fährt, stehen die Passagiere an der Reling und kotzen.«

Der Lehrer erteilt einen Hausaufsatz zum Thema: »Die Partei hat immer Recht.« Fritzchen weiß nicht, was er schreiben soll. Aber sein Papa ist Parteisekretär und will, dass Fritzchen den besten Aufsatz der Klasse schreibt. Er formuliert darum den kompletten Aufsatz vor, und Fritzchen braucht nur abzupinseln. Als Fritzchen damit fertig ist, hat der Papa noch eine vermeintlich kluge Idee und diktiert noch drei Sätze, die Fritzchen unter den Aufsatz schreiben soll:
»Die Partei ruft dich! Die Partei ruft mich! Die Partei ruft uns alle!«
Eine Woche später kommt Fritzchen heulend nach Hause. Er hat die schlechteste Note der Klasse erhalten. Sein Vater lässt sich den Aufsatz zeigen und haut ihn Fritzchen um die Ohren. Fritzchen hatte das Wort »ruft« mit »pf« geschrieben.

Lehrer: »Wer kann den Unterschied zwischen Kapitalismus und Sozialismus erklären?«
Fritzchen: »Im Kapitalismus wird der Mensch durch den Menschen ausgebeutet – und im Sozialismus ist es genau umgekehrt!«

Der Lehrer erklärt die Symbolik des DDR-Staatswappens: »Die Ähren stehen für die Landwirtschaft, der Hammer für die Arbeiter, der Zirkel für die Intelligenz.«

Fritzchen will wissen: »Kommt mein Vater auch darin vor? Er ist Parteisekretär.«

»Selbstverständlich!«, erklärt der Lehrer. »Wenn du genau hinsiehst, erkennst du, dass beide Schenkel des Zirkels zusammengehalten werden, und zwar durch eine kleine Niete.«

Der Staatsbürgerkunde-Lehrer fragt: »Was gab es vor dem Sozialismus?«

Fritzchen: »Mein Opa sagt: alles.«

Schild und Schwert der Partei

Das am 8. Februar 1950 gegründete Ministerium für Staatssicherheit (MfS), im Volksmund Stasi genannt, diente dem Machterhalt der SED und war zugleich Überwachungs- und Unterdrückungsinstrument gegen die eigene Bevölkerung. Eine der wichtigsten Aufgaben der Stasi bestand darin, die DDR-Bürger daran zu hindern, das Land zu verlassen. Am Ende der DDR war die Stasi mit etwa 92 000 Festangestellten und knapp 200 000 Inoffiziellen Mitarbeitern (IM) der größte Betrieb in der DDR. Die Symbolik »Schild und Schwert der Partei« hat die Stasi vom sowjetischen Geheimdienst KGB übernommen.

In der Kneipe fragt ein Angetrunkener einen Fremden: »Kennst du den Unterschied zwischen meinem Bier und Honecker?«

»Nee.«

»Mein Bier ist flüssig und Honecker ist überflüssig.«

Der Fremde setzt das Gespräch fort: »Kennst du den Unterschied zwischen deinem Bier und deiner Person?«

»Nee.«

»Dein Bier bleibt hier, und du kommst mit.«

Ein junger Mann hat im Auftrag der Stasi Theologie studiert und soll nun zum Priester geweiht werden. Im Dom kniet er vor dem Bischof nieder und ist wegen seiner unehrlichen Karriere von schweren Gewissensbissen geplagt. Er zittert am ganzen Leib und hat Schweißperlen im Gesicht. Der Bischof legt ihm schützend die Hand auf den Kopf und flüstert: »Bleib ruhig, Genosse, ich bin auch einer von uns.«

Drei Frauen stehen in der Schlange vor der HO-Kaufhalle und unterhalten sich.
»Mein Mann ist bei der Stasi und kriegt 3000 Mark im Monat.«
»Mein Mann ist auch bei der Stasi und kriegt 3500 Mark im Monat.«
Beide drehen sich zur dritten Frau um und fragen: »Ist dein Mann auch bei der Stasi?«
»Ja.«
»Und was kriegt der?«
»Das weiß ich nicht, sie haben ihn gestern erst geholt.«

Erster Brief eines DDR-Bürgers an seinen Freund in Holland:
»Lieber Jan, bitte schicke mir die Bombe in Einzelteilen zerlegt, damit die Stasi nichts bemerkt.«
Zweiter Brief eines DDR-Bürgers an seinen Freund in Holland:
»Lieber Jan, danke, die Bombe ist gut angekommen. Ich habe die Einzelteile an verschiedenen Stellen im Garten vergraben, damit die Stasi nichts bemerkt.«
Dritter Brief eines DDR-Bürgers an seinen Freund in Holland:
»Lieber Jan, jetzt kannst du mir die Tulpenzwiebeln schicken, die Stasi hat den Garten umgegraben.«

In Ägypten wird in einer Pyramide eine mit Gold bemalte Mumie entdeckt. Den herbeigerufenen Wissenschaftlern aus der ganzen Welt gelingt es nicht, Genaueres über die Mumie herauszubekommen. Sie bitten die besten Geheimdienste der Welt um Unterstützung: den Mossad, die CIA und die Stasi.

Dem Mossad gelingt es, mit Hilfe der Radiokarbonmethode das Alter der Mumie um das Jahr 3071 vor Christus zu datieren. Der CIA gelingt es, mit einem Magnetresonanztomographen den menschlichen Körper in der Mumie dreidimensional darzustellen und erkennt dabei, dass der Schädel eingeschlagen wurde.

Danach darf die Stasi eine Woche lang die Mumie untersuchen. Das MfS überreicht einen Bericht an die Wissenschaftler:

»In der Mumie ruht König Ramses IV., Sohn von König Cheop, geboren im Jahr 3101 vor Christus. Er hatte zwölf offizielle Frauen, mit denen er verheiratet war, sowie eine Konkubine Lea. Die schwer in ihn verliebte Lea wollte seine alleinige Frau werden. Doch Ramses konnte und wollte seine offiziellen Frauen nicht davonjagen. Lea versprach ihrem geliebten König eine lustvolle Nacht, gab ihm jedoch einen Schlaftrunk und erschlug ihn im Jahre 3071 vor Christus mit einer Axt.«

Die Wissenschaftler sind fassungslos und wollen wissen, wie das MfS an diese Informationen gekommen ist.

Die Antwort: »Er hat gestanden.«

Die Stasi hat endlich den Mann ermittelt, der sich die politischen Witze ausdenkt. Er wird in Handschellen zu Honecker geführt.

»Wieso erfinden Sie so bösartige Witze gegen mich und die DDR – gerade jetzt, wo unsere sozialistische Volkswirtschaft einen so dynamischen Aufschwung erlebt?«

»Herr Honecker, der ist aber nicht von mir …«

Stasi-Minister Erich Mielke, Innenminister Friedrich Dickel und Verteidigungsminister Heinz Keßler gehen auf Wildschweinjagd. Kessler schießt einen Eber, Dickel eine Wildsau. Als es Abend wird, ist von Mielke und seinen Jagdhelfern nichts zu sehen. Sie werden gesucht. Man findet den Stasi-Minister mit seinen Offizieren unter einer Eiche. Dort prügeln sie auf ein angeschossenes Kaninchen ein und schreien es an: »Gestehe, dass du ein Wildschwein bist!«

Ein alter Stasi-Oberst fragt einen jungen Offiziersschüler, der gerade beim MfS angefangen hat: »Wie denkst du über den Sieg des Sozialismus?«

Um bloß nichts Falsches zu sagen, antwortet der Offiziersschüler: »Genosse Oberst, über den Sieg des Sozialismus denke ich genau wie Sie.«

Der Oberst kratzt sich an der Stirn und antwortet: »Tut mir leid, dann muss ich dich jetzt festnehmen.«

Zwei Stecknadeln gehen spazieren. Fragt die eine: »Darf ich dir einen politischen Witz erzählen?«
»Pssst«, flüstert die andere. »Hinter uns geht eine Sicherheitsnadel.«

Von der Sowjetunion lernen, heißt siechen lernen*

---

* Das Motto »Von der Sowjetunion lernen, heißt siegen lernen« wurde Anfang 1951 von der Gesellschaft für Deutsch-Sowjetische Freundschaft (DSF) ausgegeben; siechen: sächsisch für siegen.

Sind die Sowjets unsere Freunde oder unsere Brüder?

Sie müssen unsere Brüder sein. Denn Freunde kann man sich aussuchen.

Vor einem Uhrengeschäft in Rostock steht eine Schlange. Ein älterer Passant fragt, was es denn gäbe.

»Der Laden hat gerade eine Lieferung Uhren aus der Sowjetunion erhalten.«

»Oh, dann stelle ich mich auch an, vielleicht ist ja meine dabei.«

Woran erkennt man, dass der KGB eine Wanze in die Wohnung eingebaut hat?

Im Wohnzimmer gibt es einen neuen Kleiderschrank und auf der Straße ein neues Trafo-Haus.

Ein Engländer, ein Franzose und ein Russe unterhalten sich, was der schönste Moment im Leben sei.

Der Engländer: »Der schönste Augenblick ist, wenn ich sonntags früh einen Whisky trinken kann und danach auf den Golfplatz gehe.«

Der Franzose: »Für mich ist der schönste Augenblick, wenn ich Samstagabend eine Flasche Bordeaux aufmache und danach ins Bordell gehe.«

»Und was ist für dich der schönste Augenblick im Leben?«, fragen sie den Russen.

Er überlegt lange und sagt dann: »Der schönste Augenblick im Leben ist, wenn sonntags früh um vier Uhr Stiefel gegen meine Wohnungstür treten und von draußen gerufen wird: ›Wohnt hier Iwan Iwanowitsch?‹ Dann ist der schönste Moment im Leben, wenn ich sagen kann: ›Eine Treppe höher‹.«

Ein Sowjetbürger in Kiew lebt im Wohlstand, weil er regelmäßig Pakete aus den USA erhält: Jeans, Kaffee, Schokolade, Südfrüchte und vieles mehr. Dem KGB entgeht das nicht, und er lädt den Bürger zum Verhör.

»Sie erhalten viele wertvolle Sachen aus den USA, welche Gegenleistung liefern sie dafür?«

»Genossen, ich bin ein treuer Sowjetbürger. Die Pakete erhalte ich von einem älteren Juden. Als die deutschen Faschisten die Sowjetunion besetzten, war ich noch ein Kind. Da hatte ich den Juden in einem Keller versteckt. Jetzt dankt er es mir, dass ich ihm das Leben gerettet habe.«

»Das ist sehr ehrenwert, Bürger. Aber was machen Sie, wenn der Jude einmal stirbt? Dann erhalten Sie wohl keine Pakete mehr aus Amerika?«

Der Bürger flüstert hinter vorgehaltener Hand: »Keine Sorge, Genossen, ich habe doch schon wieder einen Juden im Keller.«

Chruschtschow und Kennedy laufen um die Wette.

Erwartungsgemäß siegt Kennedy und wird in den amerikanischen Medien gefeiert.

In der Berichterstattung der *Prawda* klingt es so:

Der Genosse Nikita Chruschtschow errang einen hervorragenden zweiten Platz.

Der amerikanische Präsident hingegen wurde nur Vorletzter.

Bei einem Besuch in Moskau fragt Honecker Breshnew: »Wie viele politische Gegner hast du in der Sowjetunion?«

»So etwa 17 Millionen«, gesteht Breshnew.

Honecker antwortet: »Viel mehr sind es bei mir auch nicht …«

Breshnews Mütterchen besucht ihn in seinem Palast im Kreml.

»Sag, Söhnchen, wo hast du die schönen Möbel her?«

»Die haben mir die Menschen aus der DDR geschenkt.«

»Und, Söhnchen, wo hast du das wertvolle Porzellan her?«

»Das haben mir die Menschen aus der DDR geschenkt.«

»Und woher hast du die neue Stereoanlage und den schicken Farbfernseher?«

»Die haben mir die Menschen aus der DDR geschenkt.«

»Sag, Söhnlein Leonid, die Menschen in der DDR müssen dich ja sehr lieben …«

»Ja, das *müssen* sie.«

Ein FDJler und ein Komsomolze* sind beim Bau der BAM-Eisenbahntrasse zuständig für die Bodenproben und den Gleisbauern eine Meile voraus. Als sie morgens den Spaten ins Erdreich stechen wollen, stoßen sie auf etwas Hartes. Sie legen es frei und entdecken eine große Kiste aus der Zarenzeit. Gemeinsam brechen sie die Kiste auf – sie ist voller Gold.

FDJler und Komsomolze sind sich sofort einig, dass die anderen nichts von dem Fund erfahren dürfen.

»Ich schlage vor, wir teilen brüderlich«, sagt der Komsomolze.

»Nee«, sagt der FDJler. »Diesmal machen wir fifty-fifty.«

Bei einem Besuch in Moskau überreicht Honecker einen bemalten Teller aus Meißner Porzellan an Breshnew. Der wendet den Teller unschlüssig hin und her.

»Gefällt er dir nicht?«, fragt Honecker.

»Doch, schon«, antwortet Breshnew. »Aber wo ist die Nadel zum Anstecken?«

Die DDR hat keine Devisen mehr, um Kaffee aus Südamerika zu importieren. Verzweifelt ruft Honecker bei Breshnew an und bittet um Hilfe.

»Tut mir leid, Genosse Honecker, aber in der Sowjetunion wächst kein Kaffee. Ich schlage vor, eine Gesundheitskampagne zu propagieren, dass die DDR-

---

* Mitglied des sowjetischen kommunistischen Jugendverbandes Komsomol

Bürger mehr Tee trinken sollen. Tee wächst reichlich in Grusinien, und den können wir auch liefern.«

»Eine sehr gute Idee, Genosse Breshnew, die DDR-Bürger protestieren nämlich schon lautstark auf den Straßen. Welche Sorten Tee kannst du denn kurzfristig liefern?«

»Wenn die Leute schon protestieren, dann liefern wir erst einmal T-34 und T-54*.«

Ein Offizier der Roten Armee verkündet beim Fahnenappell: »Genossen, ein Jahr ist vorüber. Ich darf euch die freudige Nachricht überbringen, dass heute eure Unterwäsche getauscht wird. Sergej tauscht mit Pjotr, Iwan mit Michail …«

Ein Bayer steht mit seinem Mercedes auf dem Roten Platz. An einem Souvenirkiosk neben dem Lenin-Mausoleum verkauft eine Russin kleine Lenin-Figuren aus Keramik.

»Wos kostet so a Lenin-Figur?«

»Einen Rubel.«

Der Bayer legt eine D-Mark hin, nimmt den kleinen Keramik-Lenin und schaut ihn sich an. Die Verkäuferin strahlt über das Westgeld.

»Wievui hom Sie no davo?«

»Einen ganzen Karton voll, einhundert Stück.«

Der Bayer schiebt 100 D-Mark über den Tresen und

---

* T-34 und T-54 waren sowjetische Panzer.

packt den Karton voller Lenins in den Kofferraum
seines Benz. Die Verkäuferin wittert das große Geschäft
und fragt:

»Wollen Sie noch mehr? Ich kann im Zentralnyj-
Lager anrufen. In zehn Minuten haben Sie 1000 Stück.«
Der Bayer nickt. Ein Kleintransporter fährt vor.
Zehn Kartons à 100 Lenin-Figuren verschwinden im
Kofferraum des Mercedes'. Der Bayer zahlt wortlos
1000 D-Mark.

»Entschuldigen Sie«, fragt die Verkäuferin, »Sie
haben in München auch einen Souvenirkiosk?«

»Na, koa Kiosk. Aba a Schießbude.«

Honecker kommt von einem Besuch bei Breshnew
zurück und wird in Berlin auf dem Flughafen Schöne-
feld erwartet. Er geht die Gangway runter, robbt über
das Rollfeld und sammelt Steinchen. Völlig verzweifelt ruft Stasi-Chef Mielke in Moskau an und fragt,
was passiert sei.

»Entschuldigung«, sagt Breshnew. »Schickt den
Honecker bitte noch einmal zurück. Wir haben ihm
aus Versehen das Programm von Lunochod* einge-
geben.«

In der Sowjetunion sind die Devisen knapp. Das
Politbüro beschließt darum, im Bolschoi-Theater in
Moskau eine Stripteaseshow zu zeigen. Eintritt:

---

* Sowjetisches Mondmobil, das ferngesteuert auf dem Erdtrabanten
  Steine sammelte.

100 Dollar. Sofort bildet sich eine Menschenschlange, und nach einer Stunde ist das Theater ausverkauft.

Am zweiten Abend das Gegenteil. Nicht eine Karte wird verkauft. Der Theaterdirektor wird vor das Politbüro zitiert und muss erklären, warum die Devisenquelle so schnell wieder versiegt ist.

»Genossen, ich kann es mir nicht erklären. Wir hatten alles perfekt organisiert. Und als Stripteasetänzerin war eine langjährige Parteigenossin engagiert. Sie kannte sogar Lenin noch …«

Breshnew besucht Reagan in Washington. Der US-Präsident zeigt stolz seine jüngste technische Errungenschaft: ein Telefon, mit dem man mit Gott sprechen kann. Breshnew bezweifelt das, da es laut kommunistischer Lehre keinen Gott geben darf. Reagan wählt eine Nummer, stellt das Telefon laut und plaudert entspannt ein paar Minuten mit dem lieben Gott. Breshnew ist schwer beeindruckt. Danach ruft Reagan im Hauptpostamt Washington an und fragt nach der Gesprächsgebühr: 300 000 Dollar.

Beim Gegenbesuch in Moskau präsentiert Breshnew seine jüngste technische Errungenschaft: eine direkte Telefonleitung zum Teufel.

»Das glaube ich dir nicht«, sagt der US-Präsident. Breshnew wählt eine Nummer, stellt das Telefon laut und plaudert ein paar Minuten mit dem Teufel. Der US-Präsident ist schwer beeindruckt und fragt nach den Kosten für das Gespräch. Breshnew ruft das Hauptpostamt in Moskau an und erhält zur Antwort: »Drei Kopeken.«

»Wieso ist das so billig?«, will Reagan wissen.
»Es war ein Ortsgespräch.«

Warum darf China nicht in den RGW* aufgenommen werden?
　Weil die DDR nur eine Großmacht ernähren kann.

In Moskau wird ein Festival des politischen Witzes angekündigt.
　Erster Preis: Zehn Jahre Winterurlaub in Sibirien.

Ein sowjetischer Offizier setzt sich an einem heißen Sommertag in Ostberlin in ein Gartenlokal und bestellt ein Bier. Der Kellner stellt das Bierglas wie üblich auf einen Bierdeckel. Der Russe trinkt das Bier in einem Zug und isst danach den Bierdeckel auf.
　Der Kellner serviert dem sowjetischen Offizier ein zweites Bier und stellt es wie gewohnt auf einen Bierdeckel. Der Russe trinkt auch dieses in einem Zug und isst den zweiten Bierdeckel auf. So langsam gefällt das dem Kellner nicht mehr, denn Bierdeckel sind knapp. Er serviert das dritte Bier – diesmal ohne Bierdeckel. Als er es auf den Tisch stellt, sieht ihn der Russe fragend an: »Keks njet?«**

---

* Rat für gegenseitige Wirtschaftshilfe. Der von der UdSSR dominierte RGW wurde 1949 als sozialistisches Pendant zur Organisation für europäische wirtschaftliche Zusammenarbeit (OECD) gegründet.
** njet: russisch für nein

Ein russisches Mütterchen fragt einen Offizier der Roten Armee:

»Warum, Söhnchen, trägst du ein Gewehr?«

»Mütterchen, das ist kein Gewehr, sondern ein Sportgerät.«

»Dann verrate mir doch, Söhnchen, wie lange die Olympischen Spiele in Afghanistan noch dauern?«

Welches Land hat den größten Hundezwinger der Welt?

Die Sowjetunion. Sie hat 29 Millionen Afghanen.

Ein Franzose, ein Westdeutscher und ein Russe unterhalten sich, wie oft und mit welchem Auto sie ins Ausland reisen.

Der Franzose: »Ich fahre einmal im Jahr in den Urlaub nach Spanien. Dazu nehme ich meinen Renault.«

Der Deutsche: »Ich fahre im Sommer ans Mittelmeer und im Winter zum Skilaufen in die Schweiz. Dazu nehme ich meinen Mercedes.«

Beide gucken fragend den Russen an: »Und du? Wie oft fährst du ins Ausland? Und mit welchem Fahrzeug?

Der Russe denkt kurz nach und antwortet: »Ich fahre alle zwölf Jahre ins Ausland, immer mit dem T-34.*«

---

* 1956 Ungarn, 1968 ČSSR, 1980 Afghanistan

Wie lautet der sowjetische Werbeslogan zu den Olympischen Sommerspielen 1980 in Moskau:
Besuchen Sie uns, bevor wir Sie besuchen!

Olga arbeitet seit 20 Jahren in der Einzelteilfertigung in den Wolgograder Samowar-Werken. Sie hätte gern selbst einen Samowar, durfte aber noch nie einen kaufen. Verzweifelt schreibt sie das in einem Brief an Gorbatschow.
Der neue Generalsekretär erlaubt ihr, aus jeder Abteilung des Betriebes ein Einzelteil mitzunehmen, damit sie sich zu Hause den Samowar selbst montieren kann. Nach vier Wochen bedankt sie sich bei Gorbatschow: »Lieber Genosse Generalsekretär, ich habe es genauso gemacht, wie Sie es mir geraten haben. Einen Samowar habe ich leider immer noch nicht, dafür aber eine Kalaschnikow.«

Was ist ein sowjetischer Big Mac?
Brotmarke – Fleischmarke – Brotmarke.

Bei den Olympischen Spielen 1980 in Moskau, die von den USA und anderen westlichen Ländern boykottiert wurden, errang die DDR-Mannschaft erstaunliche 47 Goldmedaillen. Breshnew gratuliert Honecker in einem Telegramm: das sowjetvolk beglückwünscht – stop – die athleten der ddr – stop – zu ihren großen erfolgen – stop – bei den olympischen spielen in moskau – stop – erdöl stop.

Warum wurden nach dem 28. Mai 1987 auf dem Roten Platz in Moskau alle Kanaldeckel zugeschweißt?

Weil die Sowjets fürchteten, der Bruder von Mathias Rust könne mit einem deutschen U-Boot auftauchen.

Ein Ami, ein Russe und ein DDR-Bürger streiten sich, wer die größten Wälder hat.

Der Ami: »Unsere Wälder in den Rocky Mountains sind so groß, dass man eine Woche lang mit dem Auto fahren muss, um sie zu durchqueren.«

Der Russe: »Das ist noch gar nichts. Unsere Wälder sind so groß, dass man vier Wochen lang mit der Transsibirischen Eisenbahn fahren muss, um sie zu durchqueren.«

Der DDR-Bürger: »Das ist überhaupt nichts zu unseren Wäldern. Da ist 1945 die Rote Armee reingefahren und es ist überhaupt nicht abzusehen, wann sie wieder rauskommt.«

Anfrage an Radio Jerewan

Einen Sender Jerewan (Hauptstadt der früheren Sowjetrepublik Armenien), der Anfragen von Bürgern beantwortet, hat es nie gegeben. Radio Jerewan ist eine Erfindung sowjetischer Intellektueller, die über den Umweg einer Anfrage an einen staatlichen Rundfunksender politische und gesellschaftliche Verhältnisse in Frage stellten. Der Witze-Erzähler war schwer greifbar, da er ja nur die Antwort des Senders wiederholte. Radio-Jerewan-Witze kamen über die deutschsprachige Ausgabe der sowjetischen Zeitschrift Sputnik *in die DDR und in die BRD. In den 80er-Jahren wurden die Witze immer systemkritischer. Am 18. November 1988 wurde der* Sputnik *in der DDR verboten.*

Anfrage an Radio Jerewan: Stimmt es, dass Iwan Iwanowitsch in der Lotterie einen roten Lada gewonnen hat?

Antwort: Im Prinzip ja. Aber es war nicht Iwan Iwanowitsch, sondern Pjotr Petrowitsch. Und es handelt sich nicht um einen Lada, sondern um ein Fahrrad. Dieses war auch nicht rot, sondern blau. Und er hat es nicht gewonnen, sondern es wurde ihm gestohlen.

Anfrage an Radio Jerewan: Darf man die kommunistische Partei kritisieren?

Antwort: Im Prinzip ja. Aber es lebt sich besser in den eigenen vier Wänden.

Anfrage an Radio Jerewan: Darf man die Pilze aus Tschernobyl essen?

Antwort: Im Prinzip ja. Aber Sie dürfen Ihre Toilette nicht an die öffentliche Kanalisation anschließen.

Anfrage an Radio Jerewan: Ist es möglich, dass auch die Schweiz ein kommunistisches Land wird?

Antwort: Im Prinzip ja. Aber wäre es nicht schade um die schöne Schweiz?

Anfrage an Radio Jerewan: Stimmt es, dass die DDR mit Volldampf in Richtung Sozialismus steuert?

Antwort: Im Prinzip ja. Aber der meiste Dampf wird zum Tuten verwendet.

Anfrage an Radio Jerewan: Kann ein Mann Kinder bekommen?

Antwort: Im Prinzip nein. Aber in der DDR soll für Westgeld alles möglich sein.

Anfrage an Radio Jerewan: Kann sich das Politbüro irren?

Antwort: Im Prinzip nein. Aber das Politbüro ist auch nur *ein* Mensch.

Anfrage an Radio Jerewan: Kann ein Analphabet Mitglied der Akademie der Wissenschaften werden?
Antwort: Im Prinzip ja. Aber kein korrespondierendes.

Anfrage an Radio Jerewan: Wo sitzt der Mann, der die Radio-Jerewan-Witze erfindet?
Antwort: Wir wissen zwar nicht, wo er sitzt. Aber *dass* er sitzt, wissen wir genau.

Erich währt am längsten

Erich Honecker (1912 Neunkirchen – 1994 Santiago de Chile) war von 1971 bis 1989 als Generalsekretär des ZK der SED der mächtigste Mann der DDR. Honecker gründete die FDJ und war von 1946 bis 1955 ihr Vorsitzender. Als Sicherheitssekretär des ZK der SED war er verantwortlich für den Bau der Berliner Mauer und den Schießbefehl.

Erich besucht seine Mutter im Saarland.
»Sag mal, Erich, ich habe nie so richtig verstanden, was du in der DDR machst.«
»Liebe Mutter, ich bin dort Generalsekretär.«
»Was ist das?«
»Das ist so etwas Ähnliches wie ein König.«
»Lieber Erich, dann hüte dich vor den dortigen Kommunisten, damit die dir nicht alles wegnehmen.«

Erich geht morgens ans Fenster und begrüßt die Sonne: »Guten Morgen, liebe Sonne.«
Die Sonne antwortet: »Guten Morgen, lieber Genosse Honecker.«
Erich tritt mittags auf den Balkon und sagt: »Guten Tag, liebe Sonne.«
Die Sonne antwortet: »Guten Tag, Genosse Generalsekretär und Vorsitzender des Staatsrats der Deutschen Demokratischen Republik.«
Abends in Wandlitz tritt Erich noch einmal vor die Tür: »Guten Abend, liebe Sonne.«
Die Sonne antwortet: »Du Arsch kannst mich mal. Ich bin schon im Westen!«

Warum fährt Erich mit einem Traktor durch die DDR?
Er sucht seine Anhänger.

Erich will wissen, wie die Stimmung im Land ist. Dazu fährt er in eine Plattenbausiedlung und klingelt am ersten Wohnblock. Ein Mädchen fragt über die Wechselsprechanlage:
»Wer bist du denn?«
»Ich bin der Mann, der dafür sorgt, dass es euch immer gut geht …«
»Mutti, Mutti, unser Onkel aus dem Westen ist da!«

Ein DDR-Bürger geht zum Standesamt und will seinen Namen ändern lassen.
»Wie heißen Sie denn?«
»Erich Hitler.«
»Das kann ich verstehen. Wer möchte heutzutage schon Erich heißen!«

Bush, Gorbatschow und Honecker fragen den lieben Gott, wie die Welt im Jahr 2050 aussehen wird. Zu Bush gewandt sagt Gott: »Die USA werden ein sozialistischer Staat sein.« Bush weint bitterlich. Zu Gorbatschow meint Gott: »Die Sowjetunion wird es nicht mehr geben.« Gorbi bricht in Tränen aus.
»Und was wird aus der DDR?«, will Erich wissen.
Da wendet sich der liebe Gott ab und bricht in Tränen aus.

Als Honecker an die Macht kam, hatte ihm sein Vorgänger Ulbricht drei Briefe überreicht. Die soll er öffnen, wenn er mit seiner Politik nicht mehr weiterweiß. Mitte der 80er-Jahre geht es in der DDR wirtschaftlich bergab. Vor allem fehlen Devisen. Honecker öffnet den ersten Brief: »Erweitere das Netz an Intershops, und ziehe allen Leuten das Westgeld aus der Tasche.«

Erich macht es sofort. Die Devisen sprudeln, doch alle DDR-Bürger, die keine D-Mark haben, sind wütend, weil sie für ihr erarbeitetes Geld wenig Gutes kaufen können.

Erich öffnet den zweiten Brief: »Erweitere das Netz an Exquisit- und Delikatläden, damit die Leute Freude am Einkaufen haben.«

Erich macht es sofort. Der Erfolg hält nicht lange an. Die Bevölkerung fühlt sich eingesperrt und will ins Ausland reisen dürfen.

Erich öffnet zaghaft den dritten Brief, worin geschrieben steht: »Lieber Genosse Honecker, nun schreibe auch du deine drei Briefe.«

Honecker klopft an die Himmelspforte.

Petrus fragt: »Hast du dich verlaufen? Geh zur Hölle!«

Ein Jahr später klopfen zwei Teufelchen bei Petrus an.

Petrus: »Ihr seid hier falsch!«

»Nein, wir sind politische Flüchtlinge.«

Das Politbüro

Das Politbüro des Zentralkomitees (ZK) war das Machtzentrum der SED. Es wurde vom Ersten Sekretär und ab 1976 vom Generalsekretär geleitet. Führende Mitglieder des Politbüros wohnten in der Funktionärssiedlung Wandlitz.

Was hat vier Beine und 50 Zähne?
 Antwort: das Krokodil.
 Was hat 50 Beine und vier Zähne?
 Antwort: das Politbüro.

Was ist der Unterschied zwischen dem Politbüro und einer Kaffeemaschine?
 Eine Kaffeemaschine kann man entkalken.

Honecker und Mielke reden über ihre Hobbys.
 Honecker: »Ich sammle alle Witze, die über mich im Umlauf sind.«
 Mielke: »Da haben wir fast das gleiche Hobby. Ich sammle alle, die die Witze in Umlauf bringen.«

Mielke beschwert sich bei ZK-Sekretär Egon Krenz: »Der Honecker ist durchgeknallt und zieht im Garten ein Holzpferd hinter sich her …«
 »Ach ja, die Nerven«, beschwichtigt Krenz. »Vielleicht dient es der Entspannung.«
 »Schön und gut«, sagt Mielke. »Aber es ist *mein* Holzpferd.«

Honecker ärgert sich, dass der RIAS jedes Mal über den Inhalt der Politbürositzung berichtet, obwohl die Sitzung noch gar nicht beendet ist. Er vermutet einen Spion, der während der Pinkelpausen den feindlichen Sender informiert. Darum ordnet er an: »Ab sofort darf niemand mehr den Raum der Politbürositzung verlassen. Muss jemand pinkeln, dann benutze er den Eimer, der ab sofort in der Ecke dafür bereitsteht.

Nach der zweiten Pause der Politbürositzung klopft jemand an die Tür. Genervt sagt Honecker: »Wir möchten nicht gestört werden!«

Da steckt die Putzfrau den Kopf zur Tür herein und sagt: »Entschuldigen Sie, Genosse Generalsekretär, aber der RIAS hat eben berichtet, dass der Eimer voll ist…«

An einem klaren Wintertag spazieren Honecker und Mielke morgens durch den Park von Wandlitz. Überall liegt frischer Schnee. Da entdecken sie, dass jemand in den Schnee gepinkelt und mit Urin geschrieben hat: »Honecker ist doof!«

Honecker ist fassungslos: »Eine Unverschämtheit. Und das im ringsum bewachten Wohngebiet des Politbüros.«

»Beruhige dich, Genosse«, sagt Mielke. »Ich habe den besten Geheimdienst der Welt. Morgen früh sitzt der Mann hinter Gitter.«

Tags darauf fragt Honecker: »Wer hat die Schweinerei getan?«

Mielke: »Wir haben den Urin analysiert. Er stammt von Egon Krenz.«

»So ein Dreckskerl«, wütet Honecker. »Ich habe ihn immer wie meinen Kronprinzen behandelt, er sollte mein Nachfolger werden …«

»Beruhige dich, Genosse Honecker«, lenkt Mielke ein. »Es kommt noch schlimmer. Wir haben Schriftproben genommen. Die Handschrift stammt von Margot.«

Die größte DDR der Welt

Die wichtigsten Staaten der Welt beginnen mit »U«:
USA, UdSSR und Unsere Deutsche Demokratische Republik.

Was ist der Unterschied zwischen Spanien und der DDR?
Über Spanien lacht die Sonne, über die DDR die ganze Welt.

Welches sind die drei kleinsten Bücher der Welt?
Das polnische Kochbuch, das rumänische Arbeitsgesetzbuch und der Reiseatlas der DDR.

Was bedeuten die Farben und Symbole der DDR-Flagge?
Schwarz war der Tag als die Roten kamen und uns goldene Ähren versprachen und wir zirkeln mussten, dass wir nicht unter den Hammer kommen.

Ein Japaner war auf DDR-Besuch. Wieder zu Hause, fragen ihn seine Freunde, was ihn am meisten beeindruckt habe.
»Die großen Museen.«
»Und wie heißen die?«
»Pergamon, Robotron, Pentacon ...«[*]

---

[*] Robotron: Hersteller von Computern; Pentacon: Hersteller von Kameras

Gorbatschow, Bush und Honecker reiten durch die Sahara. Plötzlich werden sie von einer Horde bewaffneter Beduinen verfolgt. Gorbatschow wirft ihnen eine Plastiktüte mit 1 Million Rubel zu. Die Beduinen ignorieren das Geld und verfolgen sie weiter. Bush wirft ihnen einen Diplomatenkoffer mit 1 Million Dollar zu. Die Beduinen verfolgen sie weiter. Honecker schreibt etwas auf einen Zettel und lässt ihn fallen. Die Beduinen lesen, machen sofort kehrt und fliehen mit einer großen Staubwolke.

»Was hast du ihnen geboten?«, fragen Bush und Gorbatschow.

»Nichts«, antwortet Honecker. »Ich habe nur geschrieben, dass in einem Kilometer die DDR beginnt.«

Thatcher, Schmidt und Honecker feiern Silvester. Zu fortgeschrittener Stunde reißt Maggy ihre Bluse auf und sagt: »Das sind echte britische Pfunde.«

Schmidt lässt die Hose hinunter, zeigt sein Hinterteil und sagt: »Das ist das geteilte Deutschland.«

Schließlich öffnet Honecker den Reißverschluss seine Hose und sagt: »Und das ist der Schlagbaum – der geht nie mehr hoch.«

An der Transitstrecke entdeckt eine Kradstreife der VP einen umgekippten westdeutschen LKW im Straßengraben. Der Polizist hält an und beobachtet, wie ein Förster in den verunglückten Lastwagen klettert und dem vermutlich toten Fahrer das Westgeld aus dem Portemonnaie nimmt.

»Genosse Förster«, sagt der Polizist, »davon will ich aber die Hälfte haben!«

»Nee!«, sagt der Förster. »Wenn du Westgeld haben willst, musst du dir selbst einen schießen.«

Eine DDR-Schwimmerin wendet sich nach den Olympischen Spielen an ihren Sportarzt:

»Herr Doktor, ich kann ja verstehen, dass ich für den Sieg des Sozialismus Pillen schlucken muss. Ich kann auch noch verstehen, dass ich ein breites Kreuz und eine tiefe Stimme wie ein Kerl habe. Aber ich bin immer noch eine Frau und schäme mich, dass an meinen Beinen jetzt so dichte schwarze Haare wachsen wie bei einem Kerl.«

»Dichte schwarze Haare an den Beinen?«, fragt der Arzt. »Von wo nach wo wachsen die denn?«

Die Schwimmerin antwortet: »Na von den Füßen bis rauf zu den Hoden.«

Nach der Ausbürgerung des Liedermachers Wolf Biermann erhielt die DDR ein neues Staatswappen: eine Ziege und eine Taube.

Wer meckert, fliegt.

Wie unterscheiden sich die Lebensbedingungen einer Französin von denen einer DDR-Bürgerin?

Die Französin hat an der linken Seite ihren wohlhabenden Ehemann, an der rechten ihren jungen

Liebhaber, hinter sich eine rauschende Nacht und vor sich ein Galadinner.

Die DDR-Bürgerin hat an der linken Seite ihren Mann, an der rechten drei Kinder, hinter sich eine Nachtschicht und vor sich das Parteilehrjahr.

Erich Honecker, Margaret Thatcher, Leonid Breshnew und François Mitterrand fliegen im Flugzeug. Plötzlich kommt der Pilot nach hinten und verkündet, dass die Maschine in wenigen Minuten abstürzen würde, es gibt für die vier Politiker aber nur drei Fallschirme. Sie sollen sich einigen.

Mit den Worten: »Auf die deutsch-sowjetische Freundschaft«, bindet Breshnew Honecker etwas auf den Rücken. Honecker lächelt stolz und springt mit erhobener Faust nach draußen.

Thatcher und Mitterrand sind entsetzt: »Wir haben nur drei Fallschirme; warum haben Sie gerade dem einen gegeben?«

Breshnew: »Seid ihr blöd! Das war doch nur ein Rucksack.«

Welcher ist der größte Strom der Erde?

Die Elbe – ein Mann braucht 65 Jahre, um ans andere Ufer zu gelangen.

Was ist ein ostdeutsches Streichquartett?

Ein DDR-Sinfonieorchester nach der Rückkehr von einer Westtournee.

Wie baut man aus einer Banane einen Kompass?
Man legt sie auf die Mauer. Wo sie angebissen ist, da ist Osten.

Die französische Schönheitskönigin Brigitte Bardot reist durch die DDR und besucht am Ende Erich Honecker. Als der Parteichef die schöne Blondine mit dem Schmollmund und dem prall gefüllten Dekolleté vor sich sieht, wird er schwach und bietet ihr an:
»Bitte nennen Sie einen Wunsch, den ich Ihnen erfüllen kann.«
»Herr Generalsekretär, bitte öffnen Sie für eine Stunde die Mauer.«
»Sie Schelmin – Sie wollen wohl mit mir allein sein?«

Ein DDR-Bürger hat einen Ausreiseantrag nach Holland gestellt.
Er wird zur Abteilung Inneres vorgeladen und muss dort Fragen beantworten:
»Haben Sie in der DDR keine Arbeit?«
»Ich kann nicht klagen.«
»Haben Sie keine Wohnung?«
»Ich kann nicht klagen.«
»Verdienen Sie nicht genügend Geld?«
»Ich kann nicht klagen.«
»Warum, verdammt, haben Sie dann einen Ausreiseantrag nach Holland gestellt?«
»Dort kann ich klagen.«

Die Volkspolizei, dein Freund und Helfer

Welches sind die drei schwersten Jahre im Leben eines Volkspolizisten?
Die fünfte Klasse.

Wie öffnet ein Volkspolizist eine Fischbüchse?
Er klopft an und ruft: »Sofort aufmachen! Deutsche Volkspolizei!«

Ein Angetrunkener torkelt durch die Fußgängerzone und ruft: »Scheißstaat, Scheißstaat …«
Ein Volkspolizist hält den Mann an und sagt: »Wenn Sie das weiterhin sagen, muss ich Sie festnehmen.«
»Aber Sie wissen doch gar nicht, welchen Staat ich meine«, entgegnet der Angetrunkene.
Der Polizist verunsichert: »Da haben Sie eigentlich recht.« Er lässt den Passanten ziehen.
Nach einer Minute rennt der Polizist dem Passanten hinterher, legt ihm Handschellen an und sagt: »Es gibt nur einen Scheißstaat.«

In Rostock fährt ein dänischer Lkw-Fahrer von der Fähre. An der ersten Straßenkreuzung will er zwei Volkspolizisten nach dem Weg fragen:
»Tal dansk?«
Die Genossen schütteln den Kopf.
Der Däne fragt weiter: »Do you speak English?«
Die Genossen heben die Schultern.
Der Däne versucht es mit »Parlez-vous français?«
Die Genossen rollen mit den Augen.

Der Däne fragt »¿Habla español?«

Die Genossen gucken sich fragend an.

Schließlich unternimmt der Däne seinen letzten verzweifelten Versuch: »Говорите по-русски?«

Die Genossen halten sich den Bauch vor Lachen.

Verzweifelt haut der Däne die Lkw-Tür zu und fährt davon.

»Hast du gehört?«, fragt der erste Polizist. »Fünf Sprachen konnte der.«

»Na und«, antwortet sein Genosse, »was hat es ihm genützt?«

Zwei Volkspolizisten auf Streife. Fragt der eine: »Sag mal, ist Schwarz eine Farbe?«

Sein Genosse überlegt: »Ich denke ja.«

»Und ist Weiß auch eine Farbe?«

»Ich denke, Weiß ist auch eine Farbe.«

»Danke, Genosse! Jetzt weiß ich, dass ich zu Hause einen Farbfernseher habe.«

Ein Polizist der Wasserschutzpolizei ist ertrunken. Wodurch?

Er hat eine Kippe über Bord geworfen und versucht, sie auszutreten.

Ein Volkspolizist im Centrum-Warenhaus: »Ich möchte gern dieses Tonbandgerät kaufen.«

Die Verkäuferin: »Ich verkaufe Ihnen kein Tonbandgerät.«

Der Polizist geht nach Hause, zieht die Uniform aus und kommt zurück in Zivil: »Ich möchte gern dieses Tonbandgerät kaufen.«

Die Verkäuferin: »Ich verkaufe Ihnen kein Tonbandgerät.«

Der Polizist verkleidet sich als alter Mann mit Bart und Brille und geht wieder ins Kaufhaus: »Ich möchte gern dieses Tonbandgerät kaufen.«

Die Verkäuferin: »Ich verkaufe Ihnen kein Tonbandgerät.«

Der Polizist: »Verflucht, wie haben Sie mich erkannt?«

»Ganz einfach. Es handelt sich nicht um ein Tonbandgerät, sondern um einen zweiflammigen Gaskocher.«

Während eines Empfangs der Volkspolizei lädt ein VP-General die Bildungsministerin Margot Honecker zum Tanz ein. Während des Tanzes fragt er sie, ob sie gegen die vielen Volkspolizisten-Witze, die an den Schulen kursieren, etwas unternehmen könne. Die Polizisten seien nämlich gar nicht so dumm, wie behauptet wird.

»Ich kann es gern versuchen, Genosse General. Übrigens sind Sie der Erste, der mich zur Nationalhymne zum Tanz aufgefordert hat.«

Wie wir heute arbeiten, werden wir morgen leben.*

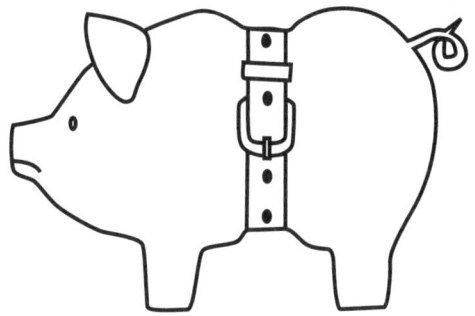

---
* Der Spruch wurde 1953 der Weberin Frida Hockauf aus Zittau zugeschrieben. Damit sollte die Übererfüllung der staatlichen Pläne propagiert werden.

Drei Maurer stehen oben auf dem Gerüst und leeren einen Kasten Bier. Einer verliert das Gleichgewicht und stürzt sich in den Tod.

»Scheiße, was machen wir jetzt?«, fragt der zweite Maurer.

»Geh schnell runter, und steck ihm die Hände in die Taschen, dann sieht es aus wie ein Arbeitsunfall!«

Brigadier zu seinen Arbeitern: »Ich habe eine gute und eine schlechte Nachricht für euch, zuerst die schlechte: Wir müssen heute 1000 Sack Kohlen verladen. Und jetzt die gute: Es gibt weder Säcke noch Kohlen.«

Lehrling zum Meister: »Entschuldigen Sie, ich habe heute meine Schaufel vergessen.«

»Macht nischt, stütz dich mit auf meine.«

Welches sind die Eckpfeiler der sozialistischen Wirtschaft?

Die ostdeutsche Planung, die polnische Arbeitsdisziplin, die sowjetische Präzisionsarbeit, die rumänische Pünktlichkeit und die mongolische Mikroelektronik.

Was ist der Unterschied zwischen Marx und Murks?

Marx ist die Theorie.

Was ist der Unterschied zwischen einer Fuhre Langholz und dem Sozialismus?
Bei der Fuhre Langholz kommt zuerst das dicke Ende und dann die rote Fahne.

Was ist Glück?
Glück ist, dass wir hier in der Geborgenheit des Sozialismus leben dürfen.
Und was ist Pech?
Pech ist, dass wir so viel Glück haben.

1945 standen wir kurz vor dem Abgrund. Heute sind wir einen Schritt weiter.

Montags kein Brot, freitags kein Bier – Erich, wir danken dir!

Frage an eine Verkäuferin im DDR-Kaufhaus:
»Entschuldigung, haben Sie hier keine Schuhe?«
»Keine Schuhe gibt es eine Etage höher. Hier gibt es keine Bettwäsche.«

Ein zerstreuter Professor steht mit leerem Einkaufsbeutel vor der HO-Kaufhalle und sinniert: »War ich nun schon einkaufen … oder noch nicht?«

Ein Kunde im Fleischerladen:
»Haben Sie Rinderrouladen?«
»Ham wa nich.«
»Haben Sie Kalbfleisch?«
»Ham wa nich.«
»Haben Sie Hähnchenbrust?«
»Ham wa nich.«
Der Kunde geht enttäuscht. Sagt die Verkäuferin zu ihrer Kollegin: »Der hatte aber ein gutes Gedächtnis.«

Der kleine Sohn fragt den Vater: »Papa, was sind Menschenschlangen?«
»Das sind Menschen, die sich nach Bananen anstellen.«
»Und was sind Bananen?«

In den 80er-Jahren gibt es in der DDR drei Arten von Konsumenten:
Die Shopper: Sie gehen im Intershop einkaufen.
Die Exer: Sie kaufen im Exquisit.
Und die Hamser: Das ist die Mehrzahl der Bevölkerung. Sie gehen in die HO oder den Konsum und starten ihren Einkaufsversuch mit der Frage: »Hamse …?«

Was ist der Unterschied zwischen der Schweiz und der DDR?
Die Schweiz hat die Bergpässe, die DDR die Engpässe.

Auf der ersten Tagung der Volkskammer im neu erbauten Palast der Republik* meldet sich Genosse Müller aus Halle zu Wort: »Verehrter Genosse Honecker, ich habe zwei Fragen: Was hat der Palast der Republik gekostet, und wie viele Wohnungen hätte man dafür bauen können?« Nach der Frage beginnt die Mittagspause.

Nach der Mittagspause meldet sich Genosse Meyer aus Magdeburg zu Wort: »Verehrter Genosse Honecker, ich habe drei Fragen: Was hat der Palast der Republik gekostet, wie viele Wohnungen hätte man dafür bauen können und wo ist Genosse Müller aus Halle abgeblieben?«

Der Papst besucht die DDR. Er lässt sich den restaurierten Berliner Dom zeigen und äußert sich anerkennend. Mit Blick auf den gegenüberliegenden Palast der Republik sagt er: »Und das Pfarrhaus ist auch ganz schön geworden.«

Zwei Brüder – einer aus der DDR, der andere aus dem Westen – treffen sich in Ostberlin. Klagt der Ost-Bruder: »Die wirtschaftliche Lage wird immer schlimmer, vieles gibt es nicht mehr zu kaufen, und man hat Angst, das offen anzusprechen.«

---

* Der Palast der Republik wurde von 1973 bis 1976 auf dem Gelände des ehemaligen Berliner Schlosses errichtet und war Sitz der DDR-Volkskammer sowie repräsentatives Kulturhaus. 1990 wurde er geschlossen und von 2006 bis 2008 abgerissen.

»Keine Sorge,« besänftigt der West-Bruder. »Wenn du etwas brauchst, nennst du den Gegenstand im Brief in irgendeinem anderen Zusammenhang, damit es die Stasi nicht mitbekommt. Und damit ich erkenne, was ich dir schicken soll, schreibst du den Gegenstand einfach in grüner Tinte.«

Vier Wochen später schreibt der Ost-Bruder in den Westen: »Mein lieber Bruder, die wirtschaftliche Lage in der DDR ist inzwischen so gut, dass man wirklich alles zu kaufen bekommt, was das Herz begehrt – außer grüne Tinte.«

Was bedeutet die Abkürzung ORWO*?
Ohne Russen wäre Ordnung.

Was bedeutet KONSUM**?
Kauft ohne nachzudenken sinnlos unseren Mist.

Wie heißen die vier größten Feinde der sozialistischen Planwirtschaft?
Frühling, Sommer, Herbst und Winter.

---

* Die 1909 gegründete Filmfabrik Agfa AG Wolfen wurde 1946 zu etwa 50 Prozent von den Sowjets demontiert und in der UdSSR wieder aufgebaut. Die weiter in Wolfen produzierten Filme erhielten 1964 den Markennamen ORWO (= Original Wolfen), um sich von der Agfa AG in Leverkusen abzugrenzen.

** Die Konsum-Genossenschaften der DDR betrieben Lebensmittelgeschäfte, Kaufhäuser, Produktionsbetriebe und Gaststätten.

Go, Trabi, go!

Wer sind die größten Denker der Welt?
Die Trabifahrer. Sie denken, sie fahren ein Auto.

Chef und Sekretärin fahren im Trabi in den Wald. Sie steigt aus, breitet auf der sonnenüberfluteten Lichtung ein Bettlaken aus und lässt vor ihrem Chef, der noch immer hinterm Steuer sitzt, tänzelnd ihre Hüllen fallen. Dann legt sie sich splitternackt vor ihm ins Grüne. Doch ihr Chef kommt nicht. Besorgt sieht sie nach ihm: Mit Schweißperlen auf der Stirn sitzt er hinterm Lenkrad, hat die Hände gefaltet und sagt mit Blick zum Himmel:
»Lieber Gott, mach ihn krumm, dass ich aus dem Auto kumm'.«

Ein Trabi fliegt mit überhöhter Geschwindigkeit aus der Kurve und landet auf der Koppel in einem Kuhfladen. Fragt der Kuhfladen: »Wer bist denn du?«
»Ich bin ein Auto!«, sagt der Trabi.
»Na, wenn du ein Auto bist, dann bin ich eine Pizza.«

Warum gibt es in der DDR keine Banküberfälle?
Weil man 16 Jahre auf ein Fluchtauto warten muss.

Brief eines Trabibesitzers an Honecker: »Werter Genosse Generalsekretär, wenn ich innerhalb eines Monats keinen neuen Auspuff für meinen Trabant bekomme, werde ich mich aufhängen.«
Antwort aus dem Büro Honecker: »Hängen Sie sich lieber gleich auf, denn wir können Ihnen nicht garantieren, dass Sie in einem Monat einen Strick kaufen können.«

Wann erreicht der Trabi seine Höchstgeschwindigkeit?
Wenn er abgeschleppt wird.

Zwei DDR-Bürger am Straßenrand. Der eine hat einen Trabi mit plattem Reifen. Der andere hat fünf Kinder. Was denken beide?
Scheiß DDR-Gummi.

Was haben Trabi und Kondom gemeinsam?
Sie behindern den Verkehr.

Was bedeutet die Bezeichnung »Trabant 601«?
600 haben ihn bestellt, einer kriegt ihn.

Auf der Transitstrecke überholt ein Volvo einen Trabi. Kurz darauf sehen sich die Fahrer auf der Intensivstation wieder.

»Was ist mit dir passiert?«, fragt der Trabifahrer.

»Ich bin mit 220 Sachen frontal gegen einen Lkw gerast. Und was war bei dir?«

Der Trabifahrer stöhnt: »Als du mich überholt hast, bin ich ausgestiegen, weil ich dachte, ich stehe.«

Wie heißt der Trabi auf Französisch?
Carton de blamage.

Warum hat der Trabi eine beheizbare Heckscheibe?
Damit der Fahrer beim Schieben warme Hände hat.

Womit kann man die Beschleunigung eines Trabis messen?
Mit einem Kalender.

Warum ist der Trabi das leiseste Auto der Welt?
Weil man sich beim Fahren mit den Knien die Ohren zuhalten kann.

Den Trabi gibt es in fast allen Farben, nur nicht in Schwarz. Warum?
Damit er nicht mit einem Brikett verwechselt wird.

Die neueste Farbkreation für den Trabi heißt: Spermaweiß.
Damit kann der Besitzer kleine Lackschäden problemlos selbst ausbessern.

Was ist passiert, wenn ein Trabi bei Grün nicht losfährt?
Der Mercedes hinter ihm hat die Lüftung eingeschaltet.

Im Herbst 1989 wird der erste Trabant mit Golf-Motor ausgeliefert. Der stolze Besitzer macht die Motorhaube auf und fragt den Motor: »Wie fühlst du dich im Trabi?« Antwort: »Wie ein Herzschrittmacher in einer Leiche.«

Lieber ... als ...*

---
* Die Sprüche mit der Wortspielerei »Lieber ... als ...« kamen zu Beginn der 80er-Jahre auf und hielten sich im Volksmund bis zur Wende.

Lieber vom Sozialismus gezeichnet als von Sitte* gemalt.

Lieber Feste feiern als feste arbeiten.

Lieber die Sekretärin auf dem Schoß als die Stasi im Nacken.

Lieber in Manhattan aus der Mülltonne gucken als in Marzahn aus dem Neubaublock.

Lieber Brust an Brust mit der Sekretärin als Schulter an Schulter mit dem Parteisekretär.

Lieber einen Blauen** im Portemonnaie als einen Roten in der Brigade.

Lieber einen wackligen Stammtisch als einen festen Arbeitsplatz.

---

* Willi Sitte (1921–2013) war ein hofierter Maler des »Sozialistischen Realismus«.
** Blaue Banknote mit dem Bildnis von Karl Marx zum Nominalwert von 100 DDR-Mark.

Lieber Aids als gar nichts aus dem Westen.

Lieber ohne Glied im Bordell als Mit-Glied
in der Partei.

Lieber geschlossen hinter Honecker als einzeln
vor Mielke.

Lieber rückwärts in den Intershop als vorwärts
zum Parteitag.

Lieber tot als rot.

Anhang

Rechtsgrundlagen für die Verurteilung von Witze-Erzählern

Rechts-grundlage	angewandt von – bis	Paragraf	mögliches Strafmaß
Verfassung der DDR	1949– 31.1.1958	Art. 6 Boykott- und Kriegshetze, eine Art Generalklausel, unter die alles fallen konnte, was sich gegen die SED-Herrschaft richtete	Wegen fehlender Strafandrohung ist alles möglich von Zuchthaus- bis Todesstrafe
StEG Strafrechts-Ergänzungsgesetz	1958–1968	§ 19 Staatsgefährdende Propaganda und Hetze	Gefängnis, nicht unter 3 Monaten (ohne Obergrenze)
		§ 20 Staatsverleumdung	Gefängnis bis zu 2 Jahren
Strafgesetzbuch der DDR	1968–1990	§ 106 Staatsfeindliche Hetze	Freiheitsstrafe von 1 bis zu 8 Jahren; Vorbereitung und Versuch sind strafbar

In der DDR und bei der Stasi gebräuchliche Abkürzungen

ABV	Abschnittsbevollmächtigter der Volkspolizei
BAM	Baikal-Amur-Magistrale
BRD	Bundesrepublik Deutschland
DDR	Deutsche Demokratische Republik
DM	Deutsche Mark (Westmark); bis 31. Juli 1964 hieß die DDR-Währung auch DM, dann wurde sie umbenannt in MDN, ab 1968 hieß sie Mark der DDR.
DRK	Deutsches Rotes Kreuz
DSF	Gesellschaft für Deutsch-Sowjetische Freundschaft
EOS	Erweiterte Oberschule (Gymnasium)
FDJ	Freie Deutsche Jugend
GI	Geheimer Informator der Staatssicherheit, seit 1968 umbenannt in IM
HO	Handelsorganisation
HV A	Hauptabteilung Aufklärung, Auslandsspionage des MfS
IM	Inoffizieller Mitarbeiter der Staatssicherheit
KGB	Geheimdienst der Sowjetunion
KOMSOMOL	Kommunistischer Jugendverband der Sowjetunion
KPdSU	Kommunistische Partei der Sowjetunion

LPG	Landwirtschaftliche Produktionsgenossenschaft
MfS	Ministerium für Staatssicherheit
NVA	Nationale Volksarmee der DDR
OPK	Operative Personenkontrolle des MfS
PID	Politisch-ideologische Diversion (Abkürzung innerhalb der Stasi)
PUT	Politische Untergrundtätigkeit (Abkürzung innerhalb der Stasi)
RGW	Rat für gegenseitige Wirtschaftshilfe
RIAS	Radio im amerikanischen Sektor
SED	Sozialistische Einheitspartei Deutschlands
StEG	Strafrechtsergänzungsgesetz
StGB	Strafgesetzbuch
T-34, T-54	Typenbezeichnungen sowjetischer Panzer
UdSSR	Union der Sozialistischen Sowjetrepubliken
VEB	Volkseigener Betrieb
VP	Volkspolizei
ZK	Zentralkomitee (der SED)

Zeittafel

Die kleine Übersicht soll helfen, den einen oder anderen Witz im historischen Kontext besser zu verstehen.

8. Mai 1945: Ende des Zweiten Weltkriegs. Deutschland wird in vier Besatzungszonen geteilt.

7. März 1946: Gründung des sozialistischen Jugendverbandes FDJ.

22. April 1946: Zwangsvereinigung von KPD und SPD zur SED.

23. April 1946: Die erste Ausgabe des *Neuen Deutschland* (ND) erscheint. Das Organ des Zentralkomitees der SED ist später die auflagenstärkste Zeitung der DDR.

23. Mai 1949: Gründung der Bundesrepublik Deutschland auf dem Gebiet der drei westlichen Besatzungszonen.

7. Oktober 1949: Auf dem Gebiet der sowjetischen Besatzungszone wird die Deutsche Demokratische Republik gegründet.

8. Februar 1950: Gründung des Ministeriums für Staatssicherheit der DDR (MfS).

9.–12. Juli 1952: Die 2. Parteikonferenz der SED beschließt den »beschleunigten Aufbau des Sozialismus«, wozu unter anderem die Verstaatlichung privater Betriebe und die Bildung landwirtschaftlicher Produktionsgenossenschaften (LPG) gehört. Wegen der folgenden Zwangskollektivierung fliehen viele Bauern in den Westen.

17. Juni 1953: Volksaufstand gegen die SED-Herrschaft. Er wird von der Sowjetarmee blutig niedergeschlagen.

1956: In Eisenach wird der erste Pkw »Wartburg« produziert.

23. Oktober 1956: Volksaufstand in Ungarn gegen die kommunistische Partei und die sowjetischen Besatzer. Der Aufstand wird von der Sowjetarmee blutig niedergeschlagen.

4. Oktober 1957: Die Sowjetunion bringt den ersten künstlichen Erdsatelliten »Sputnik 1« auf eine Umlaufbahn.

1. November 1957: Erich Mielke wird Minister für Staatssicherheit.

1958: Der erste Kleinwagen »Trabant« läuft im VEB Automobilwerk Zwickau vom Band.

1958: In Wandlitz bei Berlin wird die abgeschottete Waldsiedlung errichtet, in die ab 1960 die Spitzenfunktionäre der SED ziehen.

21. August 1960: Das DDR-Fernsehen strahlt die erste Sendung der Reihe »Der Schwarze Kanal« mit Karl-Eduard von Schnitzler aus.

13. August 1961: Der Bau der Berliner Mauer stoppt den Flüchtlingsstrom über Westberlin. Vor dem Mauerbau waren ca. 2,5 Millionen Ostdeutsche in den Westen geflohen.

14. Dezember 1962: Gründung der Handelsorganisation Intershop. Einkaufen war dort nur mit westlicher Währung möglich.

Jahresende 1962: Schaffung von Exquisit-Läden, 1966 kommen Delikat-Läden hinzu. Beide Handelsketten sollen die Kaufkraft abschöpfen und den Bedarf an hochwertigen Konsumgütern abdecken, ohne dass man dafür Westgeld besitzen muss.

21. August 1968: Die Sowjetunion marschiert in die Tschechoslowakei ein und schlägt die Reformbewegung »Prager Frühling« blutig nieder.

3. Mai 1971: Erich Honecker wird Nachfolger von Walter Ulbricht und ist als Generalsekretär der SED der mächtigste Mann der DDR.

28. Juli 1973: Eröffnung der Weltfestspiele der Jugend und Studenten in Ostberlin.

13. November 1976: Der Liedermacher Wolf Biermann gibt ein Konzert in Köln und wird daraufhin aus der DDR ausgebürgert.

25. Dezember 1979: Sowjetischer Einmarsch in Afghanistan.

19. Juli 1980: Eröffnung der Olympischen Sommerspiele in Moskau. Wegen des Einmarsches in Afghanistan boykottieren viele Staaten (u.a. die BRD) die Spiele.

11. März 1985: Michail Gorbatschow wird Generalsekretär der KPdSU. Er leitet die Politik der Glasnost (Offenheit) und Perestroika (Umstrukturierung) ein.

1987: Die Zahl der Ausreiseanträge von überwiegend jungen DDR-Bürgern nimmt rasant zu und erreicht bis Jahresende einen Spitzenwert von mehr als 105 000 Antragstellern.

Oktober 1988: Der erste »Wartburg 1.3« mit VW-Motor läuft vom Band. Im April 1991 wird die Produktion eingestellt.

18. November 1988: Die sowjetische Zeitschrift *Sputnik* wird in der DDR verboten.

2. April 1989: Auf Weisung Honeckers wird der Schießbefehl an der innerdeutschen Grenze aufgehoben.

Anlass war die internationale Empörung, nachdem der Flüchtling Chris Goeffroy am 5. Februar an der Berliner Mauer erschossen worden war.

30. Juni 1989: Die Zahl der Ausreiseanträge steigt weiter rasant und erreicht zum Ende des ersten Halbjahres einen Rekordwert von 125 400 Personen.

August / September 1989: Tausende DDR-Bürger fliehen über Ungarn und die ČSSR in den Westen.

3. Oktober 1989: Die DDR schließt die Grenzen zu den sozialistischen Bruderstaaten. Damit waren DDR-Bürger nicht nur zum Westen, sondern auch zum Osten hin abgeriegelt.

18. Oktober 1989: Erich Honecker muss zurücktreten. Nachfolger wird Egon Krenz.

3. November 1989: Die Regierung der ČSSR erlaubt DDR-Bürgern die direkte Ausreise in die BRD.

9. November 1989: Fall der Berliner Mauer.

17. November 1989: Das Ministerium für Staatssicherheit wird umbenannt in Amt für Nationale Sicherheit; am 14. Dezember beschließt der Ministerrat dessen Auflösung.
Im Dezember 1989 und Januar 1990 besetzen Bürgerrechtler die Stasi-Zentralen und verhindern die weitere Vernichtung der Akten.

Mai 1990: Der »Trabant 1.1« mit VW-Motor geht in Serie. Nur wenige tausend Stück werden verkauft. Am 30. April 1991 endet die Produktion des ehemaligen DDR-Kultautos.

1. Juli 1990: Mit der Währungsunion ist auch in der DDR die D-Mark gültiges Zahlungsmittel.

3. Oktober 1990: Deutsche Vereinigung.

Personenverzeichnis

Biermann, Wolf (geb. 1936): deutscher Liedermacher

Breshnew, Leonid (1907–1982): von 1964 bis 1982 Staatsoberhaupt der Sowjetunion

Bush, George H. W. (geb. 1924): von 1989 bis 1993 der 41. Präsident der USA

Chou En-Lai (1898–1976): von 1949 bis 1976 Premierminister der Volksrepublik China

Chruschtschow, Nikita (1894–1971): von 1953 bis 1964 Staatsoberhaupt der Sowjetunion

Gorbatschow, Michail (geb. 1931): von 1985 bis 1991 Staatsoberhaupt der Sowjetunion

Grotewohl, Otto (1894–1964): von 1949 bis 1964 Ministerpräsident der DDR

Honecker, Erich (1921–1994): von 1971 bis 1989 Staatsoberhaupt der DDR

Honecker, Margot (1927–2016): dritte Ehefrau von Erich Honecker, von 1963 bis 1989 Ministerin für Volksbildung der DDR

Kohl, Helmut (geb. 1930): von 1982 bis 1998 der 6. Bundeskanzler der BRD

Krenz, Egon (geb. 1937): von 1974 bis 1983 Chef der FDJ, ab 1984 Stellvertreter Honeckers, seit dem 17. Oktober 1989 als Honeckers Nachfolger 50 Tage Staatsoberhaupt der DDR

Mielke, Erich (1907–2000): von 1957 bis 1989 Minister für Staatssicherheit der DDR

Mittag, Günter (1926–1994): von 1966 bis 1989 Mitglied des Politbüros des ZK der SED, zuständig für Wirtschaftsfragen

Mitterrand, François (1916–1996): von 1981 bis 1995 französischer Staatspräsident

Pieck, Wilhelm (1876–1960): von 1949 bis 1960 der einzige Präsident der DDR

Reagan, Ronald (1916–2004): von 1981 bis 1989 der 40. Präsident der USA

Schmidt, Helmut (1918–2015): von 1974 bis 1982 der 5. Bundeskanzler der BRD

Schnitzler, Karl-Eduard von (1918–2001): moderierte von 1960 bis 1989 im DDR-Fernsehen die Sendung »Der schwarze Kanal«

Thatcher, Margaret (1925–2013): von 1979 bis 1990 Premierministerin des Vereinigten Königreichs

Ulbricht, Walter (1893–1973): von 1950 bis 1971 Erster Sekretär des ZK der SED und damit mächtigster Mann der DDR

Danksagung

Mein Dank gilt all jenen Bürgern der DDR, die durch das Erzählen politischer Witze den tristen Alltag im Sozialismus erheiterten. Sie wurden teilweise hart dafür bestraft, weil sie den Mut aufbrachten, den Machthabern von Partei, Staat und Stasi den Narrenspiegel vors Gesicht zu halten. Ihnen ist dieses Büchlein gewidmet.

Ich danke den Genossen der Staatssicherheit, der Kriminalpolizei sowie den Staatsanwälten an den Gerichten der DDR, die in ihrem unermüdlichen Fleiß die politischen Witze gegen die DDR aufschrieben, in geheimen Akten ablegten und so sicher archivierten, dass kein Unbefugter sie lesen konnte. Es war gewiß keine leichte Aufgabe, aus den Witzen ein Verbrechen abzuleiten ohne über sie lachen zu dürfen.

Ich bedanke mich bei der Behörde des Bundesbeauftragten für die Stasi-Unterlagen in Berlin, die mir den Zugang zu mehr als 40 000 Seiten Stasi-Akten über politische Witze und deren Erzähler ermöglichte. Namentlich möchte ich mich insbesondere bei Frau Bärbel Bartel und Herrn Roberto Welzel für die fachliche Beratung bedanken.

Mein ganz besonderer Dank gilt meiner Lebensgefährtin und Büroleiterin Siegrun Scheiter, die mehrere Wochen lang zusammen mit mir in Berlin in tausenden Seiten Stasi-Akten las und mich bei der inhaltlichen

Konzeption dieses Buches beriet. Beim gemeinsamen Lesen in den inzwischen eingestaubten Akten des einst so gefürchteten Staatssicherheitsdienstes war der Mief und Kleingeist der größten DDR der Welt wieder ganz nah. So traurig die Geschichten auch waren, ab und an hatten wir etwas zum Lachen.

Angaben zum Autor

Bodo Müller, Jahrgang 1953, Studium des Journalismus und der Fotografie; Redakteur bei Tageszeitungen in Halle und Rostock, später freier Journalist und Fotograf; nach gescheitertem Fluchtversuch über die Ostsee (1985) Inhaftierung in Rostock, danach Berufsverbot und Ausreiseantrag, im August 1989 Übersiedlung in die Bundesrepublik; lebt heute in Lübeck-Travemünde als freier Reporter und Fotograf für internationale Reisemagazine und maritime Fachzeitschriften. Autor von zahlreichen Büchern und TV-Reportagen, darunter im Ch. Links Verlag »Faszination Freiheit. Die spektakulärsten Fluchtgeschichten«, 6. Auflage 2014.

Hans-Hermann Hertle /
Hans-Wilhelm Saure (Hg.)

Ausgelacht

DDR-Witze aus den Geheimakten des BND

3. Auflage
Festeinband, 144 Seiten
ISBN 978-3-86153-844-8
10,00 € (D); 10,30 € (A)

www.christoph-links-verlag.de

Elke Kimmel/
Marcus Heumann

Abgesang der Stasi

Die letzten Monate
der Staatssicherheit im
Originalton

2. Auflage
Audio-CD
55 Minuten Laufzeit
ISBN 978-3-86153-829-5
13,00 € (D); 13,00 € (A)

Hans-Hermann Hertle

Der Sound des Untergangs

Tonmitschnitte aus den
letzten Sitzungen des
SED-Zentralkomitees
Oktober bis Dezember 1989

3. Auflage
Audio-CD
69 Minuten Laufzeit
ISBN 978-3-86153-755-7
13,00 € (D); 13,00 € (A)

www.christoph-links-verlag.de Ch.Links

Dokumentationszentrum
Alltagskultur der DDR (Hg.)

Alltag: DDR

Geschichten – Fotos – Objekte

2. Auflage
Klappenbroschur, 336 Seiten,
158 s/w Fotos, 259 Farbfotos
ISBN 978-3-86153-670-3
20,00 € (D); 20,60 € (A)

www.christoph-links-verlag.de

Stefan Wolle

Die heile Welt der Diktatur

Alltag und Herrschaft in der DDR 1949–1989

Festeinband mit Schutzumschlag,
1360 Seiten, 3 Bände im Schuber
ISBN 978-3-86153-754-0
60,00 € (D); 61,70 € (A)

Ch.Links

www.christoph-links-verlag.de